Pferde

Oetinger

Deutsche Erstausgabe

1. Auflage 2012

© Verlag Friedrich Oetinger GmbH, Hamburg 2012

Alle Rechte vorbehalten

© Originalausgabe: 2010 Weldon Owen Inc.

Titel der Originalausgabe:
  Infinity – Horses – The animal that changed the world

Text: Kim Dennis-Bryan, 2010

Illustration: The Art Agency (Rob Davis, Gary Hanna,
                Mick Posen), Damien Demaj, Malcolm Godwin/
                Moonrunner Design, MBA Studios, KJA-Artists
                (Laurence Porter, Roger Stewart), Ed Merritt
                Cartographic, Glen Vause, Wilkinson Studios
                (Francesca D'Ottavi)

Aus dem Englischen von Simone Wiemken

Printed 2012

ISBN 978-3-7891-8474-1

www.oetinger.de

Die in diesem Buch erwähnten Internetlinks wurden
sorgfältig geprüft. Eine Verantwortung für die Inhalte
von Webseiten kann seitens des Verlags jedoch nicht
übernommen werden.

Über die Autorin

Kim Dennis-Bryan reitet schon ihr ganzes Leben.
Sie ist Zoologin und hält Vorträge über die Entwicklung, die
Domestizierung, den Körperbau und die Bewegungen von
Pferden. Viele Jahre hat sie für das Naturgeschichtliche Museum
in London gearbeitet, wo sie neben ihrer Forschungstätigkeit
auch für die Pferdesammlung zuständig war. Außerdem arbeitet
sie als Beraterin und hat Bücher über Naturgeschichte und
Haustiere geschrieben, darunter das preisgekrönte Ocean.
Ferner lehrt sie an der Open University Evolution und andere
naturwissenschaftliche Themen und gehört der Zoological
Society an. Sie lebt mit ihrem Mann in London.

Pferde

KIM DENNIS-BRYAN

Verlag Friedrich Oetinger · Hamburg

Inhalt

WIE ALLES
begann

Vor etwa 55 Millionen Jahren lebte in den dichten Wäldern Nordamerikas, Europas und Asiens ein kleines Säugetier namens *Hyracotherium*. Es war der früheste Vertreter der Equiden – der Familie der Pferdeartigen, zu der neben Pferden auch Zebras und Esel gehören. Im Laufe der Zeit verwandelten sich die Wälder in Grassteppen und die Urpferde passten sich an diese neue Umgebung an. Da sie sich nicht mehr im Wald verstecken konnten, wurden sie größer, um schneller flüchten zu können. Auch ihre Zähne veränderten sich, weil sie nun hartes Gras kauen mussten. Im Laufe von vielen Millionen Jahren wurden aus diesen Tieren die Pferde, die wir heute kennen.

MESOHIPPUS
Bedeutung: »Mittleres Pferd«
Lebensraum: Nordamerika
Zeit: vor ca. 37–32 Mio. Jahren (Eozän bis Oligozän)
Größe: 60 cm
Futter: harte Pflanzen (weniger Blätter, mehr Gras)

HYRACOTHERIUM
Bedeutung: »Klippschlieferartiges Tier«
Lebensraum: Nordamerika, Europa, Asien
Zeit: vor ca. 55–45 Mio. Jahren (im Eozän)
Größe: 20–30 cm
Futter: Blätter und Früchte

Mesohippus hatte längere Beine und Zähne als Hyracotherium.

Dieses frühe Pferd sieht unseren heutigen Tieren nicht sehr ähnlich.

Vier Zehen
Die frühesten Pferde hatten vier Zehen an den Vorderbeinen und drei an den Hinterbeinen und anstelle von Hufen hatten sie ähnliche Pfotenballen wie Hunde.

VOR 55–45 MIO. JAHREN

VOR 37–32 MIO. JAHREN

BLÄTTERFRESSER

Die frühesten Pferde ernährten sich von Blättern und Früchten. Es sind Fossilien mit Traubenkernen und Blättern im Magen gefunden worden, was uns verrät, dass diese frühen Pferde noch kein Gras gefressen haben.

Fruchtsträucher
wie dieser wuchsen im Eozän in den Wäldern Nordamerikas.

GRASFRESSER

Als das Klima immer trockener wurde, schwanden die Wälder, und es bildete sich Grasland. Gras enthält eine harte Substanz, die Kieselerde heißt und die Zähne stark abnutzt. Vor 11 Millionen Jahren waren alle Grasfresser mit kürzeren Zähnen ausgestorben. An ihrer Stelle grasten jetzt frühe Pferde mit längeren Zähnen.

In Nordamerika
starben die Pferde aus, weil der Gehalt an Kieselerde dort dreimal höher ist als anderswo.

MERYCHIPPUS
Bedeutung: »Wiederkäuendes Pferd«
Lebensraum: Nordamerika
Zeit: vor 17–11 Mio. Jahren (im Miozän)
Größe: 1 m
Futter: Gräser und Kräuter

PLIOHIPPUS
Bedeutung: »Mehr Pferd«
Lebensraum: Nord- und Südamerika, Europa, Afrika und Asien
Zeit: vor 12–6 Mio. Jahren (im Miozän)
Größe: 1,20 m
Futter: Gräser und Kräuter

EQUUS
Bedeutung: »Pferd«
Lebensraum: Alle Kontinente außer Australien und der Antarktis
Zeit: vor 5 Mio. Jahren bis heute (Pliozän bis Holozän)
Größe: 1,32–1,37 m
Futter: Gräser und Kräuter

Obwohl er noch drei Zehen hatte, lief Merychippus nur auf der mittleren Zehe.

Anders als Hauspferde haben wilde Pferdeartige eine Stehmähne.

Die langen Beine ermöglichten Pliohippus die Flucht vor Feinden.

Drei Zehen
Mesohippus und *Merychippus* hatten drei Zehen an jedem Fuß. *Merychippus* ging auf den Zehenspitzen, die beiden seitlichen Zehen berührten den Boden nicht mehr.

Ein Huf
Unsere heutigen Pferde haben nur noch eine Zehe an jedem Fuß. Von den anderen Zehen sind nur schmale Knochen beiderseits des Röhrenknochens übrig geblieben.

VON AUSSEN NACH INNEN:
Der Körperbau

Das Pferd ist ein Säugetier, das zu den Unpaarhufern zählt. Das bedeutet, dass es jeweils nur einen Huf an jedem Bein hat und keine zwei Klauen wie etwa Kühe oder Schafe. Sein Körperbau erlaubt es dem Pferd nicht nur, auf Grassteppen zu überleben, sondern auch, einen Reiter zu tragen oder eine Kutsche zu ziehen.

Die Körperteile des Pferdes

Jeder Teil des Pferdekörpers hat eine Bezeichnung. Viele davon, wie etwa Auge, Ohr, Hals oder Rücken, heißen bei uns genauso, aber andere Begriffe gibt es nur bei Pferden – zum Beispiel Widerrist, Röhrbein oder Fessel. Wer häufig mit Pferden zu tun hat, sollte diese Begriffe kennen und wissen, welcher Körperteil damit gemeint ist.

Bei der Geburt
In der Natur sind Raubtiere eine Gefahr für neugeborene Fohlen. Sie stehen schon etwa eine halbe Stunde nach der Geburt auf und können kurz darauf mit den Großen mithalten.

DER PFERDEHUF

Pferdehufe bestehen aus einer zähen und ständig nachwachsenden Substanz, die Keratin heißt. Auch unsere Fingernägel bestehen aus Keratin, aber anders als ein Nagel umschließt der Huf den ganzen Pferdefuß. Er besteht aus drei Teilen: der Hufwand, der Sohle, die den Huf von unten schützt, und dem Strahl, der als Stoßdämpfer wirkt.

Hufwand

Sohle

Strahl

Die Unterseite des Hufs ist nicht glatt, was das Pferd trittsicherer macht. Hier sind Hufwand, Sohle und Strahl gut zu sehen.

Kruppe

Widerris

Oberschenkel

Rücken

Schweifrübe

Schweif

Knie

Bauch

Sprung-
gelenk

Fessel

Huf

Die Größe des Pferdes
Bei uns wird die Größe eines Pferdes in Meter und Zentimeter angegeben. In England und Amerika misst man Pferde anders. Hier lautet die Größenangabe »Hands«. Eine Hand entspricht etwa 10 cm, also der Breite der Hand eines Erwachsenen. Alles, was über die Hand hinausgeht, wird in »Inches« angegeben.

10 cm

Gemessen wird vom höchsten Punkt am Widerrist zum Boden.

Höhe

Schädel

Halswirbel

Augenhöhle

Nasenbein

Unterkiefer

Schulterblatt

Oberarm

Brustbein

Ellbogengelenk

Elle
Speiche
Unterarm

Vorderfußwurzelgelenk

Fesselgelenk

Fesselbein

Huf

DIE ZÄHNE

An Pferdezähnen lässt sich einiges erkennen. An den Schneidezähnen kann man das Alter ablesen und an den dahinter vorhandenen – oder nicht vorhandenen – Hakenzähnen sieht man, ob es ein Hengst oder eine Stute ist. Die Backenzähne sind breit und flach und wachsen stetig nach. So kann das Pferd auch harte Gräser mit viel Kieselerde fressen, ohne seine Zähne abzunutzen. In die Lücke zwischen Schneide- und Backenzähnen wird die Trense gelegt.

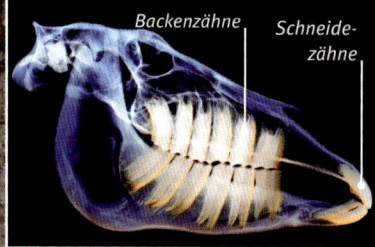

Backenzähne   Schneidezähne

Die spitz nach vorn ragenden Schneidezähne und fehlenden Hakenzähne verraten, dass dies das Gebiss einer alten Stute ist.

DIE MUSKELN

Wie wir haben auch Pferde Muskeln in allen Größen und Formen. Muskeln und Knochen sind durch die weniger elastischen Sehnen miteinander verbunden. Über die Sehnen ziehen die Muskeln durch Anspannen und Loslassen an den Knochen und so entsteht Bewegung. Manche Muskeln können über einen langen Zeitraum Energie produzieren, was bei Langstreckenpferden von Vorteil ist. Andere Muskelgruppen sind besser für kurze Höchstleistungen geeignet, wie es zum Beispiel bei Springpferden wichtig ist.

Im 18. Jh. hat der englische Maler George Stubbs anatomische Zeichnungen von Pferden angefertigt wie diese hier. Sie waren so genau, dass Tierärzte sie mehr als ein Jahrhundert lang als Lehrmaterial nutzten.

Äußere Muskelschicht

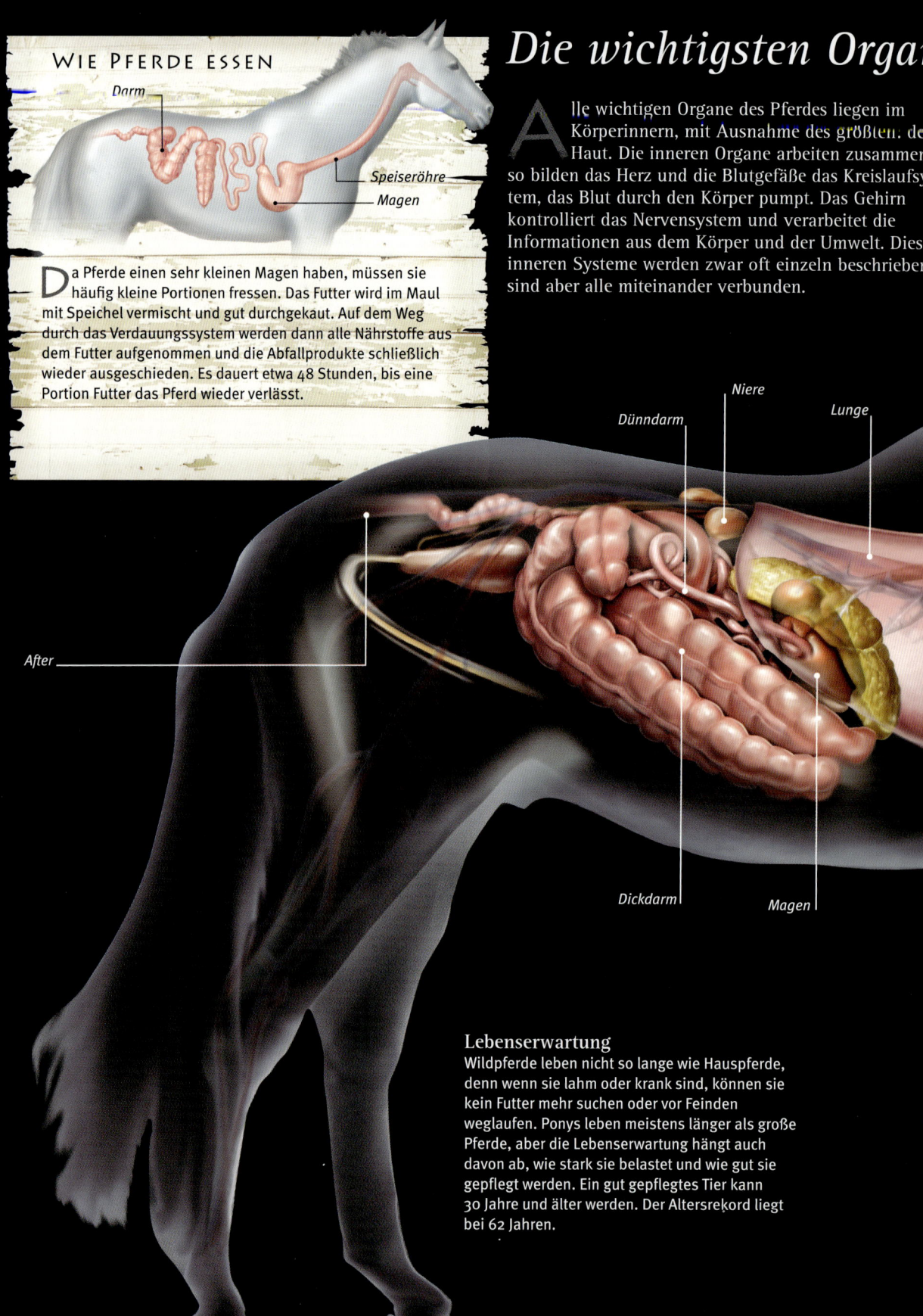

WIE PFERDE ESSEN

Darm

Speiseröhre

Magen

Da Pferde einen sehr kleinen Magen haben, müssen sie häufig kleine Portionen fressen. Das Futter wird im Maul mit Speichel vermischt und gut durchgekaut. Auf dem Weg durch das Verdauungssystem werden dann alle Nährstoffe aus dem Futter aufgenommen und die Abfallprodukte schließlich wieder ausgeschieden. Es dauert etwa 48 Stunden, bis eine Portion Futter das Pferd wieder verlässt.

Die wichtigsten Organ

Alle wichtigen Organe des Pferdes liegen im Körperinnern, mit Ausnahme des größten. der Haut. Die inneren Organe arbeiten zusammen so bilden das Herz und die Blutgefäße das Kreislaufsys tem, das Blut durch den Körper pumpt. Das Gehirn kontrolliert das Nervensystem und verarbeitet die Informationen aus dem Körper und der Umwelt. Diese inneren Systeme werden zwar oft einzeln beschrieben, sind aber alle miteinander verbunden.

Niere

Dünndarm

Lunge

After

Dickdarm

Magen

Lebenserwartung

Wildpferde leben nicht so lange wie Hauspferde, denn wenn sie lahm oder krank sind, können sie kein Futter mehr suchen oder vor Feinden weglaufen. Ponys leben meistens länger als große Pferde, aber die Lebenserwartung hängt auch davon ab, wie stark sie belastet und wie gut sie gepflegt werden. Ein gut gepflegtes Tier kann 30 Jahre und älter werden. Der Altersrekord liegt bei 62 Jahren.

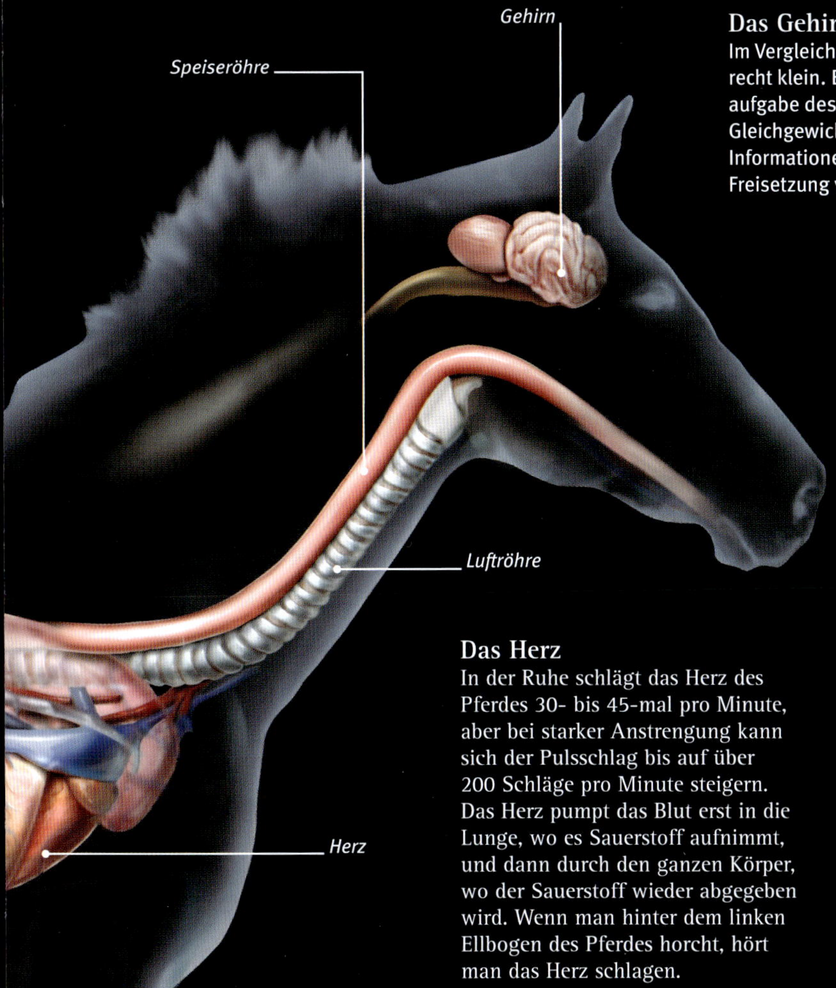

Gehirn

Speiseröhre

Luftröhre

Herz

Das Gehirn

Im Vergleich zur Körpergröße ist das Gehirn bei Pferden recht klein. Es wiegt etwa 500–700 Gramm. Hauptaufgabe des Gehirns ist es, die Bewegungen und das Gleichgewicht zu steuern. Es verarbeitet aber auch die Informationen der Sinnesorgane und regelt die Freisetzung von Hormonen.

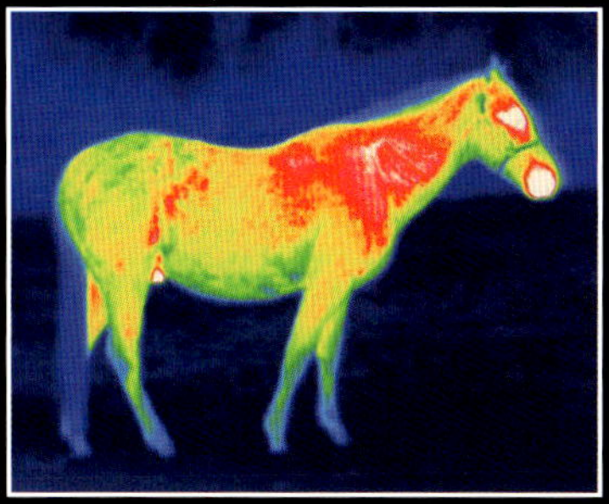

Körpertemperatur

Diese Wärmebild-Aufnahme zeigt, wie sich die Wärme im Pferdekörper verteilt, von Weiß (heiß), Rot (ziemlich heiß), Gelb (warm) bis hin zu Blau (kalt). Es ist deutlich zu sehen, dass der Kopf des Pferdes am wärmsten ist und die Beine am kältesten.

Das Herz

In der Ruhe schlägt das Herz des Pferdes 30- bis 45-mal pro Minute, aber bei starker Anstrengung kann sich der Pulsschlag bis auf über 200 Schläge pro Minute steigern. Das Herz pumpt das Blut erst in die Lunge, wo es Sauerstoff aufnimmt, und dann durch den ganzen Körper, wo der Sauerstoff wieder abgegeben wird. Wenn man hinter dem linken Ellbogen des Pferdes horcht, hört man das Herz schlagen.

WIE PFERDE ATMEN

Pferde atmen, um Sauerstoff aufzunehmen und Kohlendioxid abzugeben. Wenn das Pferd nicht arbeitet, atmet es 8- bis 16-mal pro Minute ein und aus. Wenn es sich bewegt, braucht es mehr Sauerstoff, und die Atmung beschleunigt sich. Das Einatmen spielt auch für das Riechen eine wichtige Rolle.

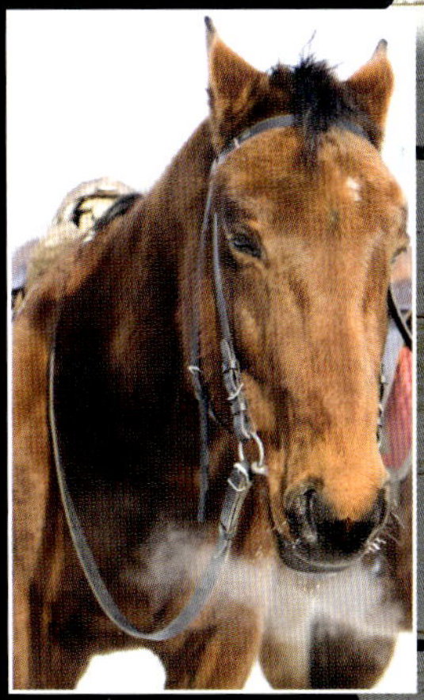

Stimm-bänder

Nasen-höhle

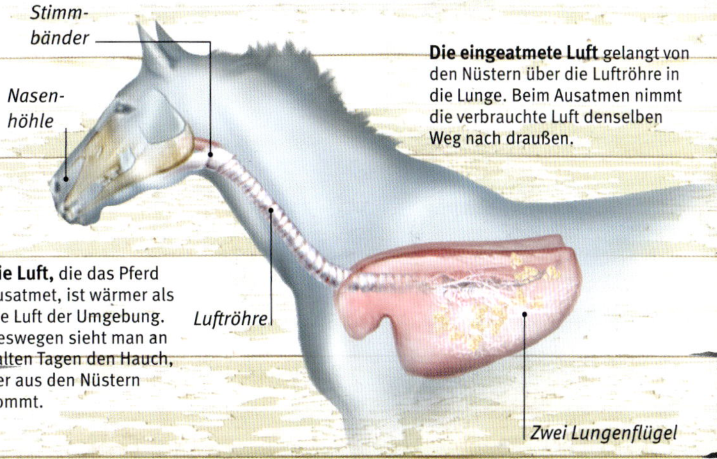

Die eingeatmete Luft gelangt von den Nüstern über die Luftröhre in die Lunge. Beim Ausatmen nimmt die verbrauchte Luft denselben Weg nach draußen.

Die Luft, die das Pferd ausatmet, ist wärmer als die Luft der Umgebung. Deswegen sieht man an kalten Tagen den Hauch, der aus den Nüstern kommt.

Luftröhre

Zwei Lungenflügel

DIE FÜNF SINNE

Um in der Wildnis zu überleben, müssen Pferde gut sehen, hören und riechen können. In der Herde achten alle Pferde ständig auf mögliche Gefahren. Der Tastsinn hilft gezähmten Pferden, zu verstehen, was der Reiter ihnen mithilfe seiner Hände und Beine sagen will.

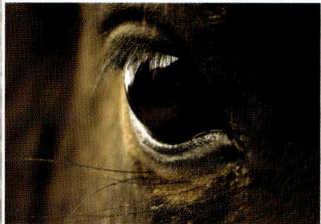

Sehen
Die Augen liegen weit oben an den Seiten des Kopfes, was einen fast vollständigen Rundumblick ermöglicht. Pferde nehmen zwar die kleinste Bewegung wahr, müssen aber mit beiden Augen hinsehen, um die Entfernung abzuschätzen.

Hören
Jedes der großen Ohren verfügt über 16 Muskeln. Bei einem entspannten Pferd zeigt oft ein Ohr nach vorn und eins nach hinten. Wenn es aber ein Geräusch hört, spitzt es beide Ohren in die Richtung, aus der es kommt.

Riechen, Schmecken, Fühlen
Geruchs- und Geschmackssinn helfen dem Pferd, das richtige Futter zu wählen. Pferde haben eine sehr empfindliche Haut – selbst eine Fliege lässt die Haut zucken. Die Tasthaare am Maul und den Augen dienen zum Schutz und zur Nahrungssuche.

DIE BEWEGUNGEN DES
Pferdes

Pferde haben drei Grundgangarten. Der Schritt ist die langsamste Gangart, dann kommen Trab und Galopp. Jede dieser Gangarten hat eine eigene Fußfolge, die deutlich zu hören ist. Den Wechsel von einer Gangart zur anderen nennt man Übergang. In freier Wildbahn springen Pferde eher nicht, aber man kann es ihnen beibringen.

Eadweard Muybridge
Der englische Fotograf Eadweard Muybridge (1830–1904) machte Serienaufnahmen von Pferden, um ihre Bewegungen zu studieren. Seine Bilder (unten) trugen maßgeblich dazu bei, den Bewegungsablauf in den einzelnen Gangarten zu verstehen.

SCHRITT

Wildpferde bewegen sich meistens im Schritt, um Energie zu sparen, und beschleunigen nur, wenn ihnen Gefahr droht. Im Schritt wird ein Bein nach dem anderen bewegt und man hört einen deutlichen Viertakt (1-2-3-4, 1-2-3-4). Die Hinterhufe sollten in die Abdrücke der Vorderhufe treten und es sind stets drei Hufe am Boden.

TRAB

Im Trab wechseln sich die diagonalen Beinpaare ab: Das hintere linke und das vordere rechte Bein greifen gleichzeitig nach vorn, gefolgt von hinten rechts und vorn links. Der Trab ist ein Zweitakt (1-2, 1-2) mit einer Schwebephase. Er bereitet anfangs vielen Reitschülern Probleme.

GALOPP

Der Galopp ist ein Dreitakt (1-2-3, 1-2-3), gefolgt von einer Schwebephase, in der kein Bein den Boden berührt. Im Linksgalopp greift das linke Beinpaar weiter nach vorn als das rechte und umgekehrt. Erfahrene Reiter können bestimmen, mit welchem Bein das Pferd führen soll.

RENNGALOPP

Der schnelle Renn- oder Jagdgalopp ist ein Viertakt mit einer Schwebephase. Erst springen die Hinterbeine nach vorn, dann die Vorderbeine. Rennpferde können Geschwindigkeiten von über 50 km/h erreichen und können mit einem Galoppsprung 8,5 m zurücklegen.

SPRINGEN

Wildpferde überspringen normalerweise keine Hindernisse, die sich auch umgehen lassen. Man kann Pferden aber beibringen, selbst hohe Hindernisse zu überwinden. Gesprungen wird gewöhnlich aus dem Trab oder Galopp, bei Hindernisrennen auch aus dem Renngalopp.

ZUSÄTZLICHE GANGARTEN

M anche Rassen, wie etwa der Isländer oder der Peruanische Paso, beherrschen noch zusätzliche Gangarten wie den Tölt oder den Pass. Der Tölt ist eine schnelle Viertaktgangart; beim Pass bewegen sich beide Beine einer Körperseite gleichzeitig nach vorn. Außerdem werden manchen Pferden Bewegungen andressiert, die normale Pferde nicht beherrschen.

Ein Lipizzanerhengst der Spanischen Hofreitschule in Wien in der Kapriole. Bei dieser Übung springt der Hengst in die Luft und schlägt dann mit den Hinterbeinen aus.

WIE SICH
Pferde verhalten

Pferde sind Herdentiere. In jeder Herde gibt es ranghohe Tiere, die die Führung übernehmen, und rangniedrige Pferde, die ihnen folgen. Pferde schließen innerhalb der Herde Freundschaften; genauso kommt es vor, dass sich zwei Pferde nicht mögen. In der Natur sind Wildpferde immer auf der Hut vor Gefahren. Wenn einige schlafen, stehen die anderen Wache. Wenn die Herde beunruhigt ist, dösen die Pferde im Stehen, um im Notfall sofort flüchten zu können.

Pferdesprache
Pferde können sich auf verschiedene Weise miteinander »unterhalten«: durch Laute wie Schnauben und Wiehern, die Körpersprache wie das Anlegen der Ohren oder das Schlagen mit dem Schweif, aber auch durch Körperkontakt beim Spielen als Jungpferde oder beim Dösen im Schatten.

DIE HERDE
Pferdefamilien bestehen meistens nur aus wenigen Tieren, aber sie können Bestandteil einer größeren Herde mit mehr als 150 Mitgliedern sein. Die Herden kämpfen nicht mit anderen um Weideflächen – sie ziehen weiter, wenn ein Gebiet besetzt oder abgegrast ist.

Stuten und Fohlen
Fohlen bleiben mehrere Monate bei ihren Müttern. Sie erkennen einander am Aussehen, dem Geruch und Lautäußerungen. Zuerst bleiben die Fohlen dicht bei der Mutter, aber wenn sie mutiger und älter werden, erforschen sie die Umgebung und spielen mit den anderen Fohlen der Herde.

Scheinkämpfe

Junge Hengste raufen gern miteinander und üben so für später, wenn sie mit älteren Hengsten um Stuten kämpfen werden. Durch diese Kampfspiele legen sie aber auch ihren Rang in der Herde fest, ohne sich dabei zu verletzen.

DIE RANGORDNUNG

Eine Pferdefamilie kann bis zu 20 Tiere umfassen und besteht aus einem Hengst, seinen Stuten und deren Fohlen. Jedes Pferd kennt seinen Platz in der Herde und lebt friedlich mit den anderen zusammen. Der Hengst schützt die Herde vor Raubtieren und fremden Hengsten, aber die älteste Stute, die Leitstute, entscheidet, wann die Herde zur Tränke geht oder auf neue Weiden weiterzieht.

Der Herdenhengst vertreibt die Junghengste, wenn sie dem Fohlenalter entwachsen sind. Der Nachwuchs schließt sich zu »Junggesellengruppen« zusammen und bleibt anfangs noch in der Nähe der Herde.

Flehmen

Wenn ein Pferd etwas Ungewöhnliches oder Interessantes riecht, zieht es die Oberlippe hoch, um den Geruch genauer zu prüfen. Dieses Verhalten wird Flehmen genannt. Bei Wildpferden sieht man es meistens bei Hengsten, die den Geruch einer Stute aufnehmen.

FUTTER

Pferde ernähren sich überwiegend von Gras, aber weil Wildgräser nicht sehr viele Nährstoffe enthalten, müssen sie sehr viel davon fressen, um genügend Energie zu gewinnen. Deswegen fressen Pferde fast den ganzen Tag. Hochleistungspferde, die viel geritten werden, bekommen Kraftfutter wie z. B. Hafer, das ihnen Energie liefert.

Pferde sind Pflanzenfresser – Fleisch rühren sie nicht an. Ein mittelgroßes Pferd kann täglich bis zu 11 kg Futter verzehren.

NAHE VERWANDTE:
Zebras

Pferde gibt es in vielen Farben und Zeichnungen, aber Zebras sind die einzigen gestreiften Mitglieder der Pferdefamilie. Sie sind Wildtiere, ebenso wie ihre Verwandten, die Wildesel. Zebras teilen sich die afrikanischen Grassteppen mit anderen Pflanzenfressern wie Impalas, Gazellen und Giraffen. Ihre Feinde sind Raubkatzen, Hyänen und Wildhunde; sie verteidigen sich, indem sie die Flucht ergreifen oder ausschlagen.

Wo sie leben
Zebras leben in Afrika südlich der Sahara. Steppen- und Bergzebras bevorzugen Grasland, während die Grevyzebras die nördlich gelegenen trockeneren Halbwüsten bewohnen.

WILDESEL

Anders als Zebras leben ihre Verwandten, die Wildesel, nicht nur in den Wüstenregionen Nordostafrikas, sondern auch im Nahen Osten und in Asien. Wildesel können mehrere Tage ohne Wasser auskommen. Das Nutzvieh der Menschen nimmt ihnen in ihrem trockenen Lebensraum die Nahrung weg, deshalb sind Wildesel heute selten geworden.

Alle Wildesel haben einen großen Kopf, eine kurze Mähne und einen weißen Bauch. Die hier gezeigten indischen Khurs leben in der Wüste Thar im Nordwesten Indiens.

HERDENLEBEN
Steppen- und Bergzebras sind gesellige Tiere, deren Herden aus einem Hengst und seinen Stuten bestehen. Sie pflegen einander das Fell und warnen sich gegenseitig vor Gefahren. Grevyzebras schließen sich nicht so eng zusammen und bilden meist nur vorübergehend eine Gruppe.

Die Stehmähne schützt den Hals vor den Bissen von Raubtieren oder anderen Zebras.

Fohlen
Zebrastuten bringen ein einzelnes Fohlen zur Welt, das sofort nach der Geburt aufsteht und schon eine Stunde später mit der Herde mithalten kann. Das ist entscheidend für sein Überleben. Im Alter von einer Woche fängt das Fohlen an, etwas Gras zu fressen, aber es trinkt zusätzlich noch etwa zehn Monate bei seiner Mutter.

ZEBRAARTEN

Es gibt drei Arten von Zebras – das Steppenzebra, das Bergzebra und das Grevyzebra. Eine Weile hielt man das inzwischen ausgestorbene Quagga – das mehr nach einem Pferd aussah – für eine vierte Art, aber mittlerweile gehen Fachleute davon aus, dass es eine Unterart des Steppenzebras war.

Steppenzebra

Dieses Zebra bekommt man auf einer Safari in Afrika ganz sicher zu sehen. Es ist an den breiten Streifen zu erkennen, die nach hinten immer breiter werden.

Grevyzebra

Das Grevyzebra ist die größte Zebraart. Man erkennt es an seinen großen, runden Ohren; die Streifen sind schmaler als beim Steppenzebra und liegen dichter beieinander, vor allem im Gesicht.

Bergzebra

Diese besonders seltene Art ist etwas größer als das Steppenzebra. Dieses Zebra hat einen weißen Bauch und ist das einzige mit einer Hautfalte am Hals, der sogenannten Wamme.

Grasen zum Überleben

Zebras leben von grobem, faserigem Gras, von dem sie große Mengen brauchen. Deswegen sind sie ständig auf der Suche nach guten Weidegründen. Wenn kein Gras zu finden ist, begnügen sie sich mit Blättern und Baumrinde. Sie brauchen täglich Wasser.

Zebras sind flinke Tiere, auch auf steinigem Boden.

Der Schwanz hat am Ende ein Büschel langer Haare.

ZORSE

Eine Kreuzung aus Zebra und Pferd nennt man Zorse. Wenn ein solches Tier früh genug gezähmt wird, kann man es anspannen oder reiten. Zorsen sind oft gebaut wie Pferde und können deshalb Pferdegeschirr tragen. Wegen ihres wilden Elternteils sind sie aber häufig sehr stur und angriffslustig.

Dieses Tier hat die schwarzen Streifen des Zebravaters auf dem braunen Fell, das es von seiner Pferdemutter geerbt hat. Für die Zucht von Zorsen setzt man meistens einfarbige Pferde ein.

Wozu die Streifen?

Es gibt verschiedene Erklärungen, warum Zebras gestreift sind, z. B. Tarnung oder Abwehr von Insekten oder auch Förderung des Herdenzusammenhalts. Die verschiedenen Arten sind an ihrem Streifenmuster zu erkennen.

In der Wildnis

Mein Fachgebiet sind die Pferdeartigen, und meine Aufgabe ist es, zu kontrollieren, wie sich die Bestände von Wildpferden, -eseln und Zebras entwickeln. Die letzten drei Monate bin ich durch Afrika und Asien gereist, um einen Bericht zur aktuellen Lage zu erstellen. Bewaffnet mit einem GPS-Gerät, um mich zurechtzufinden, Notizbüchern und Stiften, Fernglas und Kamera habe ich die verschiedenen Arten gezählt und fotografiert. Ich habe auch Daten gesammelt, die

ich wichtig fand: ob der Lebensraum der Tiere geschrumpft ist oder die Bejagung zugenommen hat – durch Raubtiere oder den Menschen.

Meine Reise begann an den Hängen und Hochebenen Südwestafrikas, dem typischen Lebensraum der Bergzebras. Heute leben nur noch etwa 9000 Bergzebras. In Südafrika stehen die meisten von ihnen jetzt in den Nationalparks unter Schutz, aber anderswo haben sie weniger Glück. Ihr Lebensraum hat sich entweder verschlechtert oder ist ganz verloren gegangen und sie müssen mit Nutztieren um das Gras konkurrieren – ein Wettstreit, den wilde Tiere immer verlieren.

»Heute leben nur noch etwa 9000 Bergzebras.«

Ich fuhr über unbefestigte Straßen weiter ins Lewa-Reservat im Norden von Kenia, wo etwa ein Fünftel der überlebenden Grevyzebras lebt. Wir fanden die Hengste ohne Mühe, denn anders als Pferde, die in Herden umherziehen, bleiben männliche Grevyzebras ihrem 7 bis 12 Quadratkilometer großen Revier treu. Nach der Ankunft warteten wir an einer Wasserstelle. Schließlich kamen der dortige Hengst und eine Gruppe Stuten zum Trinken. Es waren auch einige Fohlen dabei, was ein gutes Zeichen ist, weil die Zahl der Grevyzebras weiter sinkt.

Bergzebra
Der Lebensraum dieses Zebras wird zerstört.

Grevyzebra
Wilderei, Konkurrenz mit Nutztieren ums Futter, Krankheiten und Dürrezeiten lassen die Bestände schrumpfen.

Afrikanischer Wildesel
Diese Eselart ist vom Aussterben bedroht.

GPS
(Satelliten-Navigationssystem)

Meine Reise
von Afrika
nach Asien
und zurück
nach Paris.

W egen der politischen Unruhen konnte ich nicht nach Norden reisen und die Afrikanischen Wildesel überprüfen, und deshalb bat ich Kollegen aus Dschibuti, Eritrea, Äthiopien und dem Sudan, mir ihre aktuellen Bestandszahlen zu schicken. Es sieht aus, als gäbe es nur noch ein paar Hundert dieser Wildesel, aber mit dem richtigen Schutz kann die Art noch gerettet werden.

M eine nächste Station war die Mongolei – die Heimat des Przewalskipferdes. In den 1960er-Jahren ist die Art in der Wildnis für ausgestorben erklärt

»Wir müssen die Einheimischen dazu bringen, ihre Wildtiere zu schätzen...«

worden, aber zum Glück gab es in Zoos noch einige Tiere. Ein Teil ihrer Nachkommen (84) sind im Hustai-Nationalpark nahe der Hauptstadt Ulaanbaatar ausgewildert worden. Obwohl die Tiere aus Zoos stammen, kommen sie in Freiheit sehr gut zurecht. Mittlerweile leben im Park über 150 Tiere und der Bestand nimmt weiter zu.

S chließlich reiste ich noch in die Rann von Kachchh in Westindien – ein Salzsumpf, der in

der Regenzeit überflutet wird. Die Khur, eine Unterart der asiatischen Esel, leben nur hier und an einigen wenigen anderen Orten im indischen Gujarat. Früher waren sie wesentlich weiter verbreitet, aber die Jagd, Nahrungskonkurrenten und das Vordringen der Menschen in ihren Lebensraum haben ihre Zahlen schwinden lassen. Wir müssen die Einheimischen dazu bringen, ihre Wildtiere zu schätzen und sich für deren Erhalt einzusetzen.

Florence
Bailles

Khur
Er wird von Jägern verfolgt und muss mit Hausvieh ums Futter streiten.

Starkes
Fernglas

Przewalskipferd
Das Przewalskipferd ist erfolgreich ausgewildert worden.

Reisen zu
Pferde

Viele Tausend Jahre lang haben Pferde, Maultiere und Esel Menschen und ihre Güter von einem Ort zum anderen befördert. Sie wurden als Packtiere genutzt, dann angespannt und sogar zum Ziehen von Schiffen auf Kanälen verwendet. Pferde haben auch Soldaten in den Kampf getragen. Noch heute sind sie in einigen Teilen der Welt wichtige Transportmittel.

Rutschpartie
In Gegenden, in denen viel Schnee liegt, werden Pferde häufig vor Schlitten gespannt. In Russland ziehen oft drei Pferde einen Schlitten; ein solches Dreierge-spann wird als Troika bezeichnet.

ZEITTAFEL

... – 2500 v. Chr.
... er erfinden vierrädrige ... den Gütertransport ...wagen für Kriegszüge. ...keln auch den Zügel-...em der Fahrer das ...esser lenken kann.

um 3000 v. Chr.
Die Menschen fangen an zu reiten und können so schneller von einem Ort zum anderen gelangen. Vom Pferd aus zu kämpfen ist aber schwierig, weil die Reiter leicht herunterfallen können.

um 2000 v. Chr.
Erste Speichenräder tauchen in Mesopotamien (dem heutigen Irak) auf. Im Lauf der nächsten 700 Jahre treten sie auch in Ägypten, China und Europa in Erscheinung.

1784
In England verkehren Postkutschen auf Routen wie etwa von London nach Bath. Ab etwa 1850 wird die Post mit dem Zug befördert.

1756
Amerikanische Postkutschen transportieren Passagiere über die 150 km lange Strecke von Philadelphia nach New York.

1730er-Jahre
Mit Eisenringen verstärkte Holzräder werden allmählich von Rädern aus Gusseisen abgelöst, die viel stabiler sind und den Pferden das Ziehen erleichtern.

~ AUGENZEUGENBERICHT ~
DER PONY-EXPRESS

Ich habe mit 20 Jahren aus Abenteuerlust beim Pony-Express angefangen. Es war hart, vor allem im Winter. Ich war ein guter Reiter – das war auch notwendig. Meine Arbeit war, bei Tag und bei Nacht 160 km durch unwegsames Gelände zu galoppieren und die Post zu befördern. Sechs bis sieben Stunden am Tag musste ich jede Stunde auf ein frisches Pferd wechseln. Trotz der Gefahren ist in den 18 Monaten des Pony-Express nur ein Reiter zu Tode gekommen.

FRANK MALCOLM, PONY-EXPRESS-REITER

Bevor es Telegrafen gab, war der Pony-Express die schnellste Methode, die Post durch Amerika zu befördern, von Missouri bis nach Kalifornien in nur zehn Tagen.

Anfang 1860er-Jahre
Der Pony-Express ist zwischen April 1860 und Oktober 1861 in Betrieb. Er ist die schnellste Art, Post durch Amerika zu befördern. Die Reiter wechseln alle 16 km das Pferd.

1860er-Jahre
Pferdebahnen auf Schienen ersetzen den Omnibus. Die Pferde können so die Fahrstrecke schneller zurücklegen.

um 1300 v. Chr.
Die Reiter fangen an, ihre Pferde mit einem Gebiss im Maul zu reiten, und haben sie damit besser unter Kontrolle.

0–100 n. Chr.
Die Römer verwenden eine frühe Form der Hufeisen. Die sogenannten Hipposandalen werden mit Lederriemen befestigt.

300–500 n. Chr.
In China sind gepolsterte Sättel mit Steigbügeln in Gebrauch; sie verbreiten sich bis nach Europa. Diese Erfindung macht das Reiten deutlich angenehmer.

395 n. Chr.
Gepflasterte Straßen im ganzen Römischen Reich machen das Reiten und Fahren leichter, schneller und weniger unbequem.

um 1000
In Europa sind festgenagelte Hufeisen inzwischen überall verbreitet.

um 1000
Die Deichsel ist eine wichtige Neuerung. Wenn die Geschirre daran angeschnallt werden, verteilt sie die Last des Wagens gleichmäßig auf das Gespann.

1600
Es existiert ein gutes Straßennetz, vor allem in Westeuropa. Die Leute reisen mit Kutschen, die ähnlich verkehren wie heutzutage die Busse.

15.–16. Jh.
Geschlossene Kutschen mit Federung stammen ursprünglich aus der ungarischen Stadt Kocze. Sie sind beim europäischen Adel sehr beliebt.

14. Jh.
Frauen fangen an, im Damensattel zu reiten. Anfangs sitzen sie noch seitwärts mit den Füßen auf einem Stützbrett. Später erlaubt ihnen das Sattelhorn, beim Reiten nach vorn zu sehen.

20. Jh.
Allmählich ersetzen Motorfahrzeuge Pferde, Esel und Maultiere, die nur noch in schwierigem Gelände gebraucht werden.

1914–1918
Im Ersten Weltkrieg befördern rund sechs Millionen Pferde Waffen und ziehen Geschütze; viele sterben. Verletzte Pferde werden mit motorisierten Transportern abgeholt.

2000
Die amerikanische Armee benutzt Pferde, um Waffen durch die schwer zugänglichen Bergregionen in Afghanistan zu befördern.

Heute
Pferde werden heute hauptsächlich zu Sportzwecken gehalten und im Transporter zu Turnieren gefahren.

PFERDE IN DER Landwirtschaft

Obwohl Pferde schon lange in der Landwirtschaft eingesetzt wurden, führten das Wachstum der Bevölkerung und der dadurch gesteigerte Nahrungsbedarf im 18. und 19. Jh. zur Entwicklung größerer landwirtschaftlicher Geräte, die nur von besonders großen und starken Pferden gezogen werden konnten. Aus diesem Grund wurden in vielen Ländern schwere Kaltblutpferde gezüchtet, die aber im 20. Jh. allmählich durch Traktoren ersetzt wurden.

PFLÜGEN

Vor der Aussaat einen Pflug durch den Boden zu ziehen, war Schwerarbeit, und deshalb spannten die Bauern meistens gleich zwei Pferde an. Pferde ziehen Lasten mit der Brust und den Schultern und so wurden entsprechende Geschirre entwickelt wie diese Kumtanspannung.

Das gepolsterte Kumt verteilt die Last gleichmäßig, was den Pferden die Arbeit erleichtert.

Arbeitspferde haben eine starke, muskulöse Hinterhand.

Pflugschar

Zugpferde haben einen kräftigen, muskelbepackten Hals.

Zum Ziehen werden Ketten verwendet.

EGGEN

Arbeitspferde erledigten auch leichtere Aufgaben. Mit der Egge wurden Erdklumpen aufgebrochen, Unkraut beseitigt und der Boden eingeebnet. Die meisten Eggen bearbeiteten nur die Oberfläche, was weniger anstrengend war als das tiefere Pflügen. Das herbstliche Eggen diente dazu, den Boden für die neue Aussaat im Frühjahr vorzubereiten.

Eine Egge besteht aus einem beweglichen Gitter mit kurzen Stahlstacheln.

ZEITTAFEL

4. Jh. v. Chr. In China werden Brustgeschirre benutzt, die ab dem 8. Jh. auch in Europa Verbreitung finden.

9.–13. Jh. Zunächst ziehen Ochsen den Pflug, doch allmählich übernehmen Pferde diese Aufgabe.

12. Jh. Bessere Geschirre erleichtern den Pferden die Arbeit.

ab 1700 Die ersten mechanischen Geräte werden erfunden, sind aber nicht sehr beliebt.

1800–1840 Pferde lösen Ochsen als Zugtiere endgültig ab.

ab 1950 Arbeitspferde werden kaum noch gebraucht, weil die Bauern auf Traktoren umsteigen.

...regelmäßigen Abständen durch die Röhren.

1701 erfand der englische Landwirt Jethro Tull die Sämaschine. Sie wurde ursprünglich von einem Pferd gezogen und konnte drei Reihen Saat gleichzeitig ausbringen. Das ging schneller als die Aussaat per Hand und sparte Saatgut. Die Maschine war der erste Schritt zur Mechanisierung der Landwirtschaft. Später wurden die Maschinen größer und mussten von Pferdegespannen gezogen werden.

Pferdestärken

Als der schottische Ingenieur James Watt seine Dampfmaschine erfand, verglich er ihre Leistungsfähigkeit mit der eines Pferdes. Er benutzte den Ausdruck »Pferdestärke« für die innerhalb einer bestimmten Zeit erbrachte Leistung. Später wurde dieses Maß allgemein üblich und beschreibt noch heute die Stärke eines Motors.

Die Drillmaschine sticht den Boden auf und schießt die Samenkörner in die entstandenen Löcher.

Die Pferde tragen Scheuklappen, damit sie die Maschine hinter sich nicht sehen.

Die Kraft zum Ziehen der schweren Mähmaschine kommt aus der breiten Brust der Arbeitspferde.

ERNTEN

Die ersten pferdegezogenen Mähmaschinen wurden in den 1830er-Jahren gebaut, aber sie waren so laut, dass die Pferde durchgingen. Mit der Zeit wurden sie jedoch sehr beliebt und ab 1858 wurden in Amerika jedes Jahr 4000 Stück verkauft. Manchmal wurden bis zu 40 Pferde vorgespannt, um die Riesenmaschinen zu ziehen.

Die Mähmaschine schneidet das reife Getreide und bindet es zu Garben zusammen.

ARBEITSPFERDE HEUTE

Heute gibt es nur noch wenige Aufgaben für schwere Arbeitspferde, deshalb sind sie selten geworden. Sie werden aber immer noch in der Waldarbeit eingesetzt und an anderen Orten, die mit Fahrzeugen schwer zu erreichen sind. Auch in der Landwirtschaft sieht man sie wieder öfter, weil sie umweltfreundlicher sind als die modernen großen Maschinen.

Das Holzrücken, also der Abtransport von Holz aus dem Wald, wird heute noch mit Pferdekraft erledigt.

PFERDE
im Krieg

S chon seit der Antike haben Pferde unter dem Reiter oder vor dem Streitwagen an Schlachten teilgenommen. Sie waren nicht nur schneller als Fußsoldaten, sondern auch gefährlicher für den Gegner. Aber auch beim Transport von Nachschub und Waffen haben Pferde eine wichtige Rolle gespielt. Mit Lanzen und Säbeln bewaffnete Reitertruppen werden als Kavallerie bezeichnet. Die Ritter des Mittelalters unterschieden sich von ihnen durch ihre schwere Rüstung.

Der Helm schützt das Gesicht des Ritters.

Schulter- und Oberarmschutz

Hinterhandschutz des Pferdes

Breite Steigbügel verschaffen dem Ritter sicheren Halt.

GROSSE KAVALLERIEFÜHRER

V iele historische Figuren haben es mit ihrer Kavallerie zu großem Ruhm gebracht – manche wegen eines Sieges über die Feinde, andere wegen einer Niederlage. Im 4. Jh. v. Chr. führte Alexander der Große seine Reitertruppen zu vielen Siegen. Bei der Schlacht am Little Bighorn dagegen griff der amerikanische General Custer mit seiner Kavallerie einen feindlichen Indianerstamm an. Er und seine 457 Männer wurden getötet.

Sultan Saladin war ein bedeutender muslimischer Herrscher und Heerführer während der Kreuzzüge des 12. Jahrhunderts. Er befehligte eine Streitmacht, zu der auch 10 000 berittene Soldaten gehörten.

Elitetruppen

Alexander der Große erkannte als Erster, wie wirksam die Kavallerie in einer Schlacht war. Zu seinen Truppen gehörten die Hetairoi (Gefährten), eine Elitetruppe berittener Krieger. Sie ritten die besten Pferde und hatten die besten Waffen. In der Schlacht führte Alexander sie oft selbst an, wenn es darum ging, die Infanterie (Fußsoldaten) des Gegners zu überrennen. Mithilfe der Hetairoi gewann Alexander viele Schlachten.

Ein römisches Mosaik zeigt die Hetairoi in der Schlacht von Issos.

Schutzschild für
den Pferdehals

Der Dorn ist nur
eine Verzierung.

Die Rossstirn
schützt den Pferdekopf,
vor allem Gesicht
und Ohren.

Der Brustschutz
trägt oft das
Wappen des
Ritters.

Seitlicher
Schutzpanzer

Gepanzerte Ritterpferde

Nicht nur die Ritter selbst, auch ihre Pferde waren gut
geschützt. Um die schwere Rüstung tragen zu können,
waren große, kräftige Pferde nötig, die aber noch
deutlich kleiner als die modernen Kaltblüter waren.
Sie wurden extra gezüchtet, von Feinden erbeutet oder
importiert.

Gepanzerte Pferde heute

Bei Krawalleinsätzen tragen Polizei-
pferde oft auch eine Art Rüstung,
gewöhnlich nur am Kopf. An der Trense
wird ein durchsichtiges Visier befestigt,
das die Augen des Pferdes vor
möglichen Wurfgeschossen von
Unruhestiftern schützen soll.

ZEITTAFEL

um 1500 v. Chr. *Die Ägypter fahren
ihre Bogenschützen mit leichten
Streitwagen in die Schlacht, statt die
feindlichen Linien zu durchbrechen.*

333 v. Chr. *Die Hetairoi Alexanders
des Großen, bestehend aus 1800
Reitern, spielen beim Sieg über den
persischen König Dareios III. in der
Schlacht von Issos eine wichtige
Rolle. Die besiegten Perser fliehen.*

1189–92 *Die Tempelritter kämpfen
im Dritten Kreuzzug gegen Saladin.
Sie gehören zu den mächtigsten
und erfolgreichsten Rittern.*

1618–48 *Im Dreißigjährigen Krieg
werden Pferde erstmals für den
Transport schwerer Waffen
eingesetzt.*

1914–18 *Die Ausdauer des australi-
schen Walers macht ihn zur bevorzug-
ten Rasse der im Ersten Weltkrieg in
Nordafrika eingesetzten Kavallerie.*

1945 *Die Erste Warschauer Kavallerie
durchbricht die deutschen Linien.
Es ist die letzte berittene Attacke der
Geschichte.*

2010 *Die amerikanische Armee
benutzt Pferde und Maultiere, um
Vorräte und Waffen in Afghanistan zu
transportieren.*

ESEL UND MAULTIERE

Furchtlos, dickköpfig, stark und mit eigenem Charakter. Wie Pferde, nur besser.

Seit mehr als 3000 Jahren werden Esel als Lasttiere benutzt. Das ist in manchen Ländern noch heute so ...

Wenn der Boden hart ist und die Sonne brennt, sieht man Esel bei den verschiedensten Arbeiten: Sie schleppen schwere Lasten, betreiben Mühlen und Wasserpumpen oder ziehen Karren. Ihre kleinen Hufe finden auch dort Halt, wo Pferde stolpern und Traktoren umkippen würden, und sie können länger ohne Wasser aushalten als Pferde. Da Esel ruhig und geduldig sind, sind sie gute Gesellschafter für Schafe und Ziegen oder nervöse Pferde. In den reicheren Ländern werden Esel meistens als Liebhabertiere gehalten.

Viele Leute finden Esel in vieler Hinsicht besser als Pferde, aber ihre Körperform und ihre Gangarten machen sie zum Reiten sehr unbequem.

Riesenesel in Gefahr

Eseldrama im Poitou, einer stillen Ecke im Westen Frankreichs

Poitou-Esel gehören mit rund 1,50 m zu den größten Eseln der Welt. Sie sind grobknochig und langsam und deshalb nicht gut zum Reiten oder Fahren geeignet, werden in Amerika aber trotzdem gelegentlich angespannt. Ihr besonderes Merkmal ist das lange zottige Fell in Braun oder Schwarz. Jahrhundertelang haben die Bauern ihre Esel mit sehr großen Pferden gekreuzt und die daraus entstandenen Riesenmaultiere in alle Welt verkauft. Aber etwa seit den 1950er-Jahren sind die Maultiere von Maschinen verdrängt worden und werden nicht mehr gebraucht. Heute gibt es weniger als 800 Poitou-Esel auf der Welt; die Rasse ist vom Aussterben bedroht.

Der große und sehr haarige Poitou-Esel

Ein Esel dreht eine Mühle in Afrika. Das Tuch schützt sein Gesicht vor der Hitze.

Pferd mal Esel ergibt ...

Was bekommt man, wenn man einen Esel mit einem Pferd kreuzt? Dafür gibt es eine ganz einfache Regel.

Kreuzt man einen Eselhengst mit einer Pferdestute, bekommt man ein Maultier; wenn man einen Pferdehengst mit einer Eselstute paart, ist das Fohlen ein Maulesel. Diese Kreuzungen werden schon seit Tausenden von Jahren gezüchtet, weil die Nachkommen gewöhnlich gutmütiger, ausdauernder und belastbarer sind als ihre Pferde- und Eseleltern.

Maultiere werden mehr gezüchtet als Maulesel. Sie sind größer und stärker als Esel und gleichzeitig leichter auszubilden und leistungsfähiger als Pferde, selbst bei weniger nahrhaftem Futter und weniger Wasser. Genau wie Esel werden sie in vielen Teilen der Welt als Trag- und Zugtiere eingesetzt. Durch ihr ruhiges Wesen eignen sie sich auch für den Einsatz in Kriegsgebieten, wo sie Nachschub und Munition tragen.

Maultiere und -esel können selbst keine Fohlen bekommen.

Eine Kreuzung aus Pferd und Esel

MAULTIERTRECK IN KALIFORNIEN

Eine Geschichte von tapferen Tieren und sengenden Wüsten.

1872 wurden Ablagerungen von Borax im kalifornischen Death Valley (Tal des Todes) entdeckt. Dieses Mineral wird in der Landwirtschaft, in der Industrie und in Reinigungsmitteln verwendet.

Das Problem war jedoch, das Mineral vom Fundort im unwirtlichen Death Valley zur nächsten Bahnstation zu befördern.

Zwischen 1883 und 1889 wurden für den Transport des Minerals Wagen mit 20 vorgespannten Maultieren verwendet. Von den Minen im Death Valley bis zum Bahnhof von Mojave waren es

265 Kilometer; die Fahrt dauerte zehn Tage. Die Maultiere mussten aus dem glühend heißen Death Valley klettern, die Panamint-Berge ersteigen und dann noch eine weitere Wüste durchqueren.

Maultiere: unschlagbar

Maultiere sind für solche Einsätze ideal, weil sie weniger Wasser brauchen als Pferde und auch in größerer Hitze arbeiten können. In den sechs Jahren, in denen die Maultiertrecks stattfanden, ist kein einziger Wagen verunglückt und kein Maultier unterwegs gestorben. Von 1889 an war die Bahnstrecke weit genug ausgebaut, und auch an anderen Orten wurde Borax gefunden, sodass die Maultierfahrten ein Ende nahmen.

Ein Maultiertreck, der in den 1880er-Jahren Borax durch das Death Valley in Kalifornien beförderte.

Idaho Gem: Das erste geklonte Muli der Welt

Mai 2003. Amerikanische Wissenschaftler geben die Geburt des kleinen Idaho Gem bekannt – des ersten Klons aus der Pferdefamilie.

Ein geklontes Tier ist eine exakte Kopie eines anderen und wird mithilfe der Gentechnik aus einer einzigen Zelle erzeugt. Der erste Tierklon war 1996 das Schaf Dolly. Jetzt haben die Wissenschaftler Idaho Gem aus dem Top-Rennmaultier Taz produziert. Der am 3. Mai geborene Idaho Gem ist nicht nur das erste geklonte Maultier, sondern auch der erste Klon aus der Familie der Pferdeartigen *und* die erste geklonte Kreuzung aus zwei Tierarten.

Das langbeinige Fohlen, das auf seiner Koppel herumspringt, scheint gesund und munter zu sein und ist jetzt fast einen Monat alt. Das Team, das es geklont hat, arbeitet an der Universität Idaho – daher der Name – und an der Staatsuniversität Utah. Alle Beteiligten sind begeistert von ihrem Erfolg.

Wie geht es weiter?

Dies ist ein großer Schritt nach vorn, weil Maultiere eigentlich unfruchtbar sind. Die Erfolgsquote beim Klonen ist zwar noch gering, aber theoretisch ist es möglich, in Zukunft berühmte Rennpferde und erfolgreiche Springpferde zu »vervielfältigen«.

Neugeborenes Wunder: Der Klon Idaho Gem

Kriegseinsatz

Maultiere tragen Vorräte an Orte, die mit Fahrzeugen und Hubschraubern nicht zu erreichen sind.

Wieder einmal macht sich die amerikanische Armee die Trittsicherheit und Zuverlässigkeit von Maultieren zunutze, indem sie die Tiere zur Beförderung von Nachschub und Waffen in Afghanistan einsetzt. Zuletzt wurden Maultiere in großer Zahl im Ersten Weltkrieg verwendet. Sie zogen Munitionswagen an die Front und brachten die Verwundeten zurück in die Feldlazarette. Die Fahrer arbeiteten unter schrecklichen Bedingungen und mussten sich oft darauf verlassen, dass ihre Maultiere den richtigen Weg fanden.

ZÄHMUNG UND
Pferdezucht

Der Mensch begann recht spät damit, Pferde zu zähmen, weil sie groß und schnell sind, was den Umgang mit ihnen erschwerte. Aber nachdem die Menschen sie beherrschen konnten und feststellten, wie nützlich sie waren, fingen sie an, Pferde gezielt nach Größe, Farbe und Verwendungszweck zu züchten. Da kaum noch Arbeitspferde gebraucht werden, werden heute überwiegend Sport- und Freizeitpferde gezüchtet.

Edles, intelligentes Gesicht

Percherons bei der Arbeit
Der Percheron, der immer noch in der Landwirtschaft eingesetzt wird, ist wegen seiner Anpassungsfähigkeit eine der beliebtesten Kaltblutrassen weltweit.

ARBEITSPFERDE

Schwere, große Pferde, die zum Ziehen schwerer Lasten gezüchtet wurden, nennt man Kaltblüter oder Kaltblutpferde. Früher wurden überwiegend Ochsen angespannt, aber Pferde haben den Vorteil, dass sie keine Ruhepausen zum Wiederkäuen brauchen. Dieser Percheron ist ein typischer Kaltblüter – kräftig gebaut, mit starken Schultern und einem ruhigen Temperament.

ZEITTAFEL

um 5000–3500 v. Chr. *Pferde werden wegen ihres Fleisches und der Häute gejagt. Es gibt Hinweise, dass zahme Stuten gemolken wurden.*

um 3500–3000 v. Chr. *Wahrscheinlich gab es schon Gebisse aus Metall. Da sie die Kontrolle verbessern, ist es denkbar, dass Pferde bereits geritten wurden.*

um 2000 v. Chr. *Die Pferdehaltung verbreitet sich schnell über Westasien und Osteuropa.*

um 2000 v. Chr. *Pferde ziehen Karren im Osten Russlands, in Kasachstan und Mesopotamien.*

um 2000–1500 v. Chr. *Pferde werden regelmäßig für schwere Arbeiten genutzt und geritten.*

PFERDEAUSBILDUNG

Pferde sind schreckhaft, und da es lange dauert, bis sie ausgewachsen sind, muss man sich für die Ausbildung Zeit nehmen. Der erste Schritt ist, das Fohlen an das Halfter zu gewöhnen und es herumzuführen. Im Alter von zwei Jahren kann das junge Pferd dann die übrige Ausrüstung und einfache Kommandos kennenlernen.

Dieses Pferd wird daran gewöhnt, einen Sattel zu tragen. Der nächste Schritt ist dann das Aufsitzen eines Reiters.

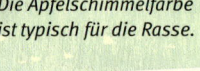

Die Apfelschimmelfarbe ist typisch für die Rasse.

An den Beinen fehlt der üppige Fesselbehang, den andere Kaltblutrassen haben.

Rennpferde

ie meisten Rennpferde sind
nglische Vollblüter. Sie sind
nk und schnell und werden
m Vielseitigkeitsreiten und
ringen und zur Veredelung
er Rassen verwendet. Alle
en Vollblüter stammen von
Araberhengsten ab, die im
17. und frühen 18. Jh. nach
and kamen: Byerley Turk,
Darley Arabian und
Godolphin Arabian.

VOM FOHLEN ZUM PFERD

W ie wir Menschen auch verändern
sich Pferde beim Heranwachsen.
Sie können auch die Farbe wechseln,
wenn das wollige Fohlenfell ausfällt. Auf
ihren langen Beinen können Fohlen schon
kurz nach der Geburt rennen.

Fohlen

Mit einem Jahr ist das Fohlen ein
Jährling und sieht immer noch
langbeinig aus, weil es noch
nicht so bemuskelt ist wie ein
erwachsenes Pferd.

Jährling

Ausgewachsen sind Pferde erst
mit fünf Jahren. Dann haben sich
die Muskeln so weit entwickelt,
dass es nicht mehr aussieht, als
wären die Beine zu lang für den
Körper.

Ausgewachsenes
Pferd

ker Rücken

Kräftige Hinterhand

*er nächsten
d das schwarze
weiß werden
Mutter.*

*Die Beine des
Fohlens sind
schon fast so lang
wie beim
ausgewachsenen
Pferd.*

Westernpferde

Pferde, die zum Hüten von Rindern
verwendet werden, sind flink,
ausdauernd und klug. Rassen wie
Quarter Horse, Criollo und Australian
Stock Horse scheinen instinktiv zu
wissen, wie sie die Rinder treiben
müssen, und brauchen dazu fast keine
Anweisungen ihres Reiters.

FARBEN UND
Abzeichen

Wie bei allen Zuchttieren gibt es auch bei den modernen Pferderassen eine viel größere Vielfalt an Farben und Abzeichen als bei Wildtieren. Es ist die Kombination aus der Farbe von Fell (Deckhaar) und Mähne und Schweif (Langhaar), Abzeichen und Haarwirbeln, die jedes Pferd einzigartig macht. Hier sind einige der häufigeren Farben und Abzeichen zu sehen.

MITTLERE FARBEN

Füchse sind einfarbige Pferde, die in jeder erdenklichen Braun- und Rotschattierung auftreten können. Beim Dauerschimmel oder Stichelhaarigen mischen sich dunkle und weiße Haare.

DUNKLE FARBEN

Manche Rassen werden nur in einer bestimmten Farbe gezüchtet. So sind Friesen zum Beispiel immer schwarz. Echte Rappen sind selten und bei vielen Rassen beliebt.

Schimmel
Bei der Geburt sind Schimmel dunkel; sie werden über Jahre hinweg immer heller (»Ausschimmeln«). Während des Ausschimmelns spricht man von Braun-, Rapp-, Grau- und Rotschimmeln, je nach Ausgangsfarbe.

HELLE FARBEN

Ungewöhnliche Farben wie Palomino oder Falbe – und natürlich Schimmel – waren schon immer besonders beliebt, weil sie sich aus der Masse abhoben. Auffallende Pferde waren auch leichter zu erkennen und konnten nicht so einfach gestohlen werden.

Fuchs
Bei Füchsen haben Mähne und Schweif dieselbe braune Farbe wie das Fell. Es kommt aber auch vor, dass das Langhaar heller ist.

Palomino
Diese Pferde haben goldfarbenes Fell und dazu helle oder weiße Schweif- und Mähnenhaare.

Falbe
Falben haben ein gelbliches oder sandfarbenes Fell und einen Aalstrich auf dem Rücken. Schweif und Mähne sind bei ihnen dunkel.

Dauerschimmel
Bei den Dauerschimmeln oder Stichelhaarigen ist das dunkle Fell mit weißen Haaren durchsetzt. Anders als Schimmel werden Stichelhaarige mit den Jahren nicht heller.

WEISSGEBORENE

Die meisten weißen Pferde sind Schimmel, die man daran erkennt, dass sie unter dem weißen Fell schwarze Haut haben. Manchmal werden aber auch schneeweiße Fohlen geboren. Sie haben eine rosafarbene Haut und braune oder blaue Augen. Ihre Farbe bleibt das ganze Leben unverändert.

Weißgeborene sehen aus wie Märchenpferde.

Rappe
Bei Rappen sind Fell, Schweif und Mähne schwarz. Sie können aber weiße Abzeichen haben. Sommerrappen werden im Winter bräunlich.

Brauner
Es gibt Hell- und Dunkelbraune. Schweif und Mähne, die untere Hälfte der Beine und die Ohrspitzen sind bei ihnen immer schwarz.

ZWEIFARBIGE PFERDE

Es gibt viele Bezeichnungen für zweifarbige Pferde. Bei der Beschreibung helfen die Farbe und Form der Flecken.

Schecke

Schwarz-weiß gescheckte Pferde heißen Rappschecken, braun-weiß gescheckte Braunschecken und Füchse mit Scheckung sind Fuchsschecken. Schecken werden auch als Pinto bezeichnet.

Tigerschecke

Pferde mit Tupfen nennt man Tigerschecken. Der Volltiger hat dunkle Tupfen auf weißem Fell, beim Schneeflockentiger ist es umgekehrt. Die meisten Appaloosas sind Tigerschecken.

ABZEICHEN AN DEN BEINEN

Die Hufe können hell oder dunkel sein; meistens haben sie die Farbe des jeweiligen Beins.

Hochweißer Fuß

Halbweißer Fuß

Weißer Kronrand

Indianerpony

ABZEICHEN AM KOPF

Abzeichen sind weiße Flecken am Kopf und an den Beinen der Pferde. Die Abzeichen werden nach ihrer Form benannt. Die Haut unter den weißen Abzeichen ist immer rosa.

Blesse

Ein breiter weißer Streifen von der Stirn bis zu den Lippen wird Blesse genannt.

Eine deutlich schmalere Blesse würde Schnurblesse heißen.

Der Stern kann verschiedene Formen haben.

Stern

Ein deutlich sichtbarer weißer Fleck auf der Stirn.

Schnippe

Die Schnippe ist ein weißes Abzeichen zwischen den Nüstern.

INDIANISCHE ABZEICHEN

Vor rund 10 000 Jahren starben die Pferde in Amerika aus, aber im 16. Jh. brachten spanische Siedler neue Pferde mit. Die Indianer wurden schnell hervorragende Reiter, die mit Pferden jagten, handelten, Lasten beförderten und in den Krieg zogen. Bunte Pferde, vor allem die getupften Appaloosas, waren bei manchen Stämmen besonders beliebt. Die Krieger bemalten ihre Pferde mit Symbolen.

Anführer des Krieges

Im Zweikampf getöteter Feind

Trauer

Vor der Schlacht bemalten die Indianer ihre Pferde und banden ihre Schweife und Mähnen zusammen.

Appaloosa

Die Bemalung der Pferde hatte verschiedene Bedeutungen, unter anderem sollte sie im Kampf Schutz geben. Symbole und Farben unterschieden sich von einem Stamm zum nächsten.

ECLIPSE

Eclipse war ein englisches Rennpferd in der zweiten Hälfte des 18. Jh. Er war sehr schwierig im Umgang. Eclipse blieb ungeschlagen, und bei seinen Rennen hieß es: »Eclipse Erster, die anderen nirgendwo«, denn kein anderes Pferd kam auch nur annähernd an ihn heran. Da es keine Gegner für ihn gab, nahm man ihn aus dem Rennsport. Er wurde Zuchthengst und Vater von einigen Hundert Siegern.

MILTON

Milton war das erste Springpferd, das eine Million britische Pfund Preisgeld gewann. Da er ein Schimmel war, konnten seine Fans ihn leicht erkennen. Die Zuschauer liebten vor allem seine Angewohnheit, nach einer Runde über die Hindernisse in die Luft zu springen.

1764–89

1793–1831

1977–99

1933–47

GEBOREN 1978

1957–70

BERÜHMTE
Pferde

Einige viel bewunderte Pferde und Reiter sind weltberühmt geworden. Persönlichkeiten aus der Vergangenheit sind bereits Teil unserer Geschichte, und die heute lebenden Favoriten haben begeisterte Anhänger, die weit reisen, um ihre Lieblinge zu sehen. Manche Pferde haben sogar Fanclubs oder eigene Webseiten. Ganz bestimmt werden viele der Stars – Renn-, Spring- und Dressurpferde –, die heute noch im Aufstieg sind, in Zukunft ebenso berühmt sein.

SHERGAR

Nachdem er 1981 das Epsom Derby mit der Rekorddistanz von zehn Längen gewonnen hatte, lief der Galopper Shergar nur noch drei weitere Rennen, bevor er Zuchthengst in Irland wurde. Eines Nachts im Februar 1983 wurde er von maskierten bewaffneten Räubern entführt. Diese Entführung wurde niemals aufgeklärt. Es wurde nie ein Lösegeld bezahlt und der Hengst ist nie wieder gesehen worden.

ARKLE

Das beste Hindernisrennpferd aller Zeiten war Arkle aus Irland, der von 34 Rennen 27 gewann. Er wurde sogar in seinem letzten Rennen Zweiter, obwohl er sich einen Knochen im Huf gebrochen hatte. Beim Gewichtsausgleich (Handicap) bekommen die Pferde zusätzliches Gewicht aufgeladen, abhängig davon, wie gut sie sind. Arkle war so gut, dass die Rennleitung zwei Gewichtssysteme einführen musste – eines, wenn Arkle lief, und eines, wenn nicht

MARENGO

Der kleine Araberschimmel war das Pferd von Napoleon I., dem Kaiser von Frankreich. Marengo wurde achtmal verwundet, bis er schließlich in der Schlacht bei Waterloo gefangen genommen wurde. Sein Skelett ist im Armeemuseum in London ausgestellt.

SEABISCUIT

Der kleine Seabiscuit mit seinen etwas knubbeligen Beinen sah nicht nach einem Sieger aus. Nach em enttäuschenden Start im Rennsport wurde er schnell verkauft. Mit seinem en Jockey feierte er überraschend Erfolge gab Tausenden von Amerikanern in der eren Wirtschaftskrise der 1930er-Jahre neue Hoffnung.

... und Reiter

ALEXANDER DER GROSSE

Die Geschichte, wie der griechische Held sein Pferd Bukephalos zähmte, ist berühmt. Der zwölfjährige Alexander erkannte, dass der Hengst Angst vor seinem eigenen Schatten hatte, und stellte ihn so auf, dass er den Schatten nicht mehr sehen konnte.

356–323 V. CHR.

DICK TURPIN

Der englische Straßenräuber Dick Turpin soll die Strecke von London nach York – das sind 320 Kilometer – in 24 Stunden geritten sein. Der Name seines Pferdes war Black Bess.

1705–39

AIMÉ TSCHIFFELY

Der Schweizer ist der berühmteste Langstreckenreiter. Mit zwei Pferden legte er in den 1920er-Jahren die unglaubliche Strecke von 16 090 Kilometern von Buenos Aires nach New York zurück.

1895–1954

SIR GORDON RICHARDS

Der größte Jockey aller Zeiten war Sir Gordon Richards mit 4870 Siegen. Er gewann alle großen Rennen; im Epsom Derby siegte er noch kurz vor seinem Ruhestand. Er erhielt als einziger Jockey den Ritterschlag.

1904–86

ANKY VAN GRUNSVEN

Die Holländerin ist eine weltberühmte Dressurreiterin. Sie gewann unter anderem drei olympische Goldmedaillen und wurde zweimal Weltmeisterin.

GEBOREN 1968

PFERDE-
kulturen

Seit der Mensch vor rund 4000 Jahren begann, Pferde zu zähmen, haben diese Tiere das Leben der Menschen verändert. Wir sind im Maschinenzeitalter zwar nicht mehr so sehr auf Pferde angewiesen wie früher, aber es gibt noch Völkergruppen, bei denen sich alles ums Pferd dreht. Umherziehende Nomaden wie die Roma brauchen Pferde für die Fortbewegung und für Viehhirten sind sie unverzichtbare Helfer beim Treiben und Hüten der Tiere.

UNGARISCHE CSIKÓS

Vor langer Zeit zogen berittene Magyaren von Asien aus nach Westen in die Grasebenen Ungarns. Heute leben hier ihre Nachfahren, die Csikós. Die Reit- und Fahrkünste dieser Pferdehirten sind legendär. Hier zeigt ein Reiter die »Ungarische Post«, bei der er auf zwei Pferden stehend insgesamt fünf Pferde steuert.

DSCHINGIS KHAN

Dschingis Khan (ca. 1162–1227), Herrscher der Mongolen und ein brillanter Kriegsherr, stellte ein Reiterheer auf, das seiner Zeit weit voraus war. Er einte die Nomadenstämme im Nordosten Asiens und schuf damit das mächtige Mongolenreich, das schließlich einen Großteil von Zentralasien und China beherrschte.

Mongolei

Etwa die Hälfte von Dschingis Khans Reitern trug lederne Rüstungen und war mit Lanzen und Schwertern bewaffnet. Ihnen folgten die berittenen Bogenschützen.

DIE MONGOLEN

Früher waren die Menschen in der Mongolei überwiegend Nomaden, die zu Pferde mit ihrem Vieh umherzogen. Heute sind sie sesshafter geworden, aber Pferde spielen in ihrem Leben immer noch eine wichtige Rolle. Diese Mongolen jagen mit Adlern – eine alte Tradition, die vor allem im Winter gepflegt wird.

AMERIKANISCHE COWBOYS

Die Cowboys (deutsch: Kuhjungen) tauchten im späten 19. Jh. auf, als die Bevölkerungszahlen ebenso stiegen wie die Nachfrage nach Rindfleisch. Das bedeutete, dass die Landbesitzer mehr Vieh hielten und berittene Hirten brauchten, die es versorgten. Damit begann die Zeit der Cowboys.

INDIANER

Ab 16. Jh. *Die Europäer bringen Pferde nach Amerika. Anfangs fürchten sich die Indianer vor den fremdartigen Tieren.*

18. und 19. Jh. *Nachdem sie Reiten gelernt haben, nutzen die Indianer Pferde für die Büffeljagd und im Kampf.*

Ende 19. Jh. *Weiße Siedler verdrängen die Indianer. Die Büffel sind nahezu ausgerottet.*

AUSTRALISCHE VIEHHIRTEN

In Australien sind die Farmen riesig und auch hier muss das Vieh gehütet werden. Früher wurden dazu Pferde und Hunde benutzt, aber heute nimmt man Fahrzeuge wie Quads und sogar Kleinflugzeuge, vor allem, wenn das Vieh auf den riesigen Flächen zusammengetrieben werden soll.

SÜDAMERIKANISCHE GAUCHOS

Die Cowboys von Südamerika heißen Gauchos. Sie leben in den Pampas – Grasebenen, die sich von Argentinien bis Brasilien erstrecken. Der Begriff »Gaucho« wurde erstmals im frühen 19. Jh. für die Männer benutzt, die umherzogen und von dem lebten, was das Land ihnen gab. Später suchten sie dann Arbeit auf den großen Farmen, den *Estancias*.

DIE ROMA

Die Roma sind ein fahrendes Volk, das ursprünglich aus Indien stammt, jetzt aber auf der ganzen Welt zu Hause ist. Traditionell fuhren sie mit solchen bunt bemalten Wagen umher. Wie alle Pferdekulturen sind die Roma berühmt für ihr Geschick im Umgang mit Pferden.

Naadam-Fest

Das sind wir im vollen Galopp. Sieht es nicht aus, als lägen wir in Führung?

Mein Name ist Tömörbaatar, was »eiserner Held« bedeutet. Ich bin acht Jahre alt und lebe in der Mongolei. Es ist Juli und ich bin beim Naadam-Fest. Das ist das größte Fest des Jahres mit Pferderennen und Wettbewerben im Bogenschießen und Ringen. Nach den Olympischen Spielen ist unser Fest das zweitälteste Sportereignis der Welt.

»Nach den Olympischen Spielen ist unser Fest das zweitälteste Sportereignis der Welt.«

Für mich ist es besonders aufregend, weil ich zum ersten Mal bei einem der Rennen mitreiten werde. Ich muss 15 Kilometer querfeldein galoppieren, aber Angst habe ich nicht, weil ich mich auf dem Pferd sicherer fühle als auf dem Boden. Mein Pferd ist erst zwei Jahre alt und wir trainieren schon seit Monaten.

Am Abend vor dem großen Tag flicht mein Vater dem Pferd Bänder in den Schweif und bindet seine Mähne zu einem Büschel hoch. Meine Mutter packt die grün-orangefarbenen Kleider aus, die ich morgen tragen werde, und befestigt außerdem glänzende Silberknöpfe an den Zügeln meines Pferdes. Wusstest du, dass beim Naadam-Rennen bis zu 10 000 Pferde teilnehmen? Die Jockeys sind immer Kinder zwischen fünf und 13 Jahren. Mein Vater sagt, dass das so ist, weil die Pferde mit Kindern leichter die lange Strecke galoppieren können als mit schweren Erwachsenen auf dem Rücken. Er sagt auch, dass es beim Rennen mehr um das Pferd geht als um das Können der Reiter.

Der Tag des Rennens ist gekommen und mein Pferd und ich frühstücken nicht. Das liegt daran, dass Pferde mit leerem Magen besser laufen, aber was mich betrifft, bin

Pfeil

Reiterhut

Traditioneller Bogen

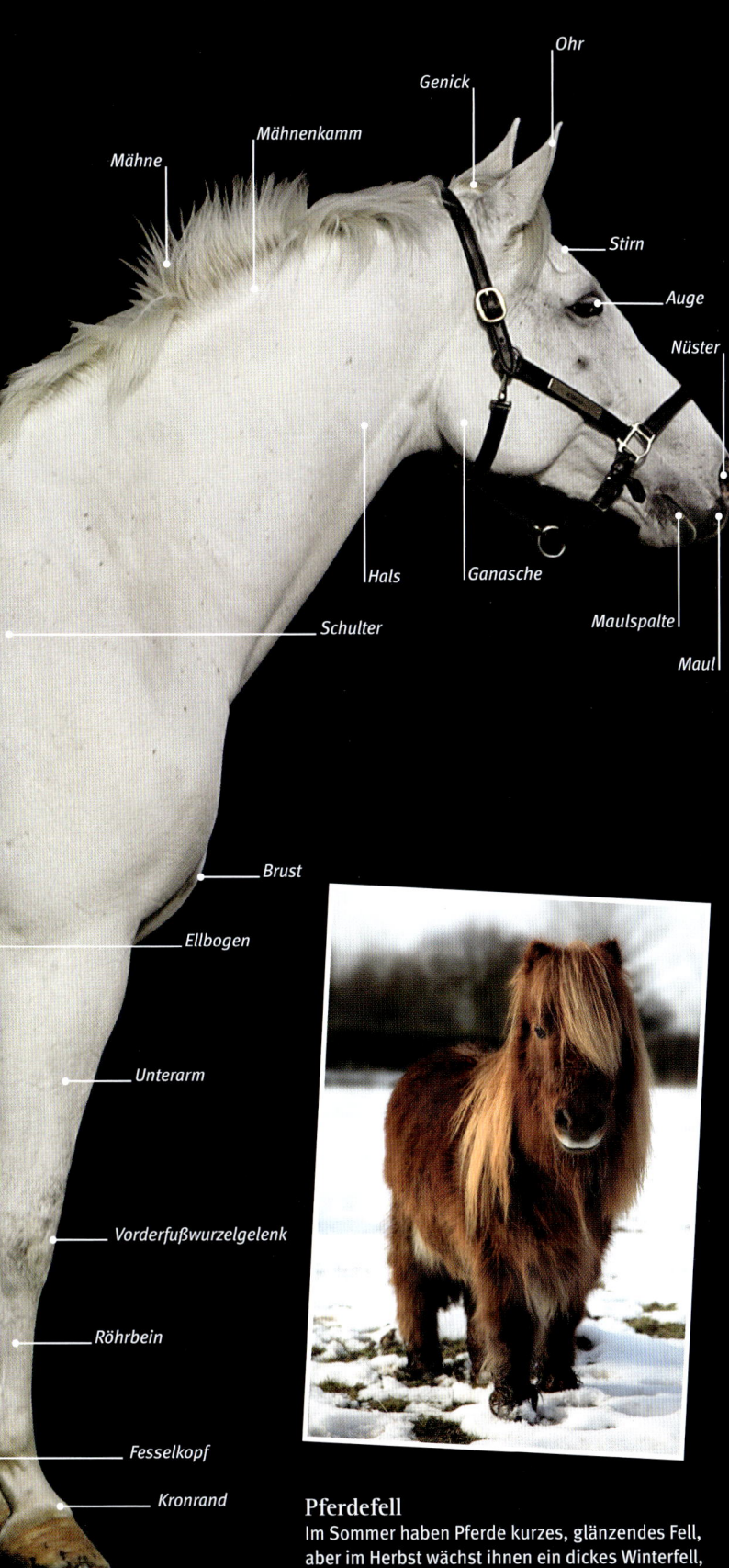

Ohr

Genick

Mähnenkamm

Mähne

Stirn

Auge

Nüster

Hals

Ganasche

Schulter

Maulspalte

Maul

Brust

Ellbogen

Unterarm

Vorderfußwurzelgelenk

Röhrbein

Fesselkopf

Kronrand

Pferdefell
Im Sommer haben Pferde kurzes, glänzendes Fell, aber im Herbst wächst ihnen ein dickes Winterfell, das sie warm hält. Pferde wälzen sich gern, weil der getrocknete Schmutz ein guter Windschutz ist.

Das Skelett des Pferdes

Pferde haben knapp 200 Knochen. Sie schützen die inneren Organe und sorgen zusammen mit den Muskeln dafür, dass sich das Pferd bewegen kann. Das Skelett des Pferdes ist unserem eigenen erstaunlich ähnlich. Knie, Hüfte, Arme, Ellbogen – all das hat das Pferd auch. Wie wir hat es sie Halswirbel, übertrifft uns aber mit seinen 18 Brustwirbeln – Menschen habe nur 12. Der Unterarmknochen ist ungefähr so lang wie unserer, aber der Tei darunter ist viel länger und endet nicht mit fünf Zehen, sondern nur mit eir Zehe (dem Huf). Unser Steißbein ist ganz anders als bei Pferden, denn Pferd haben an seiner Stelle die Schweifwirbel, die frei beweglich sind.

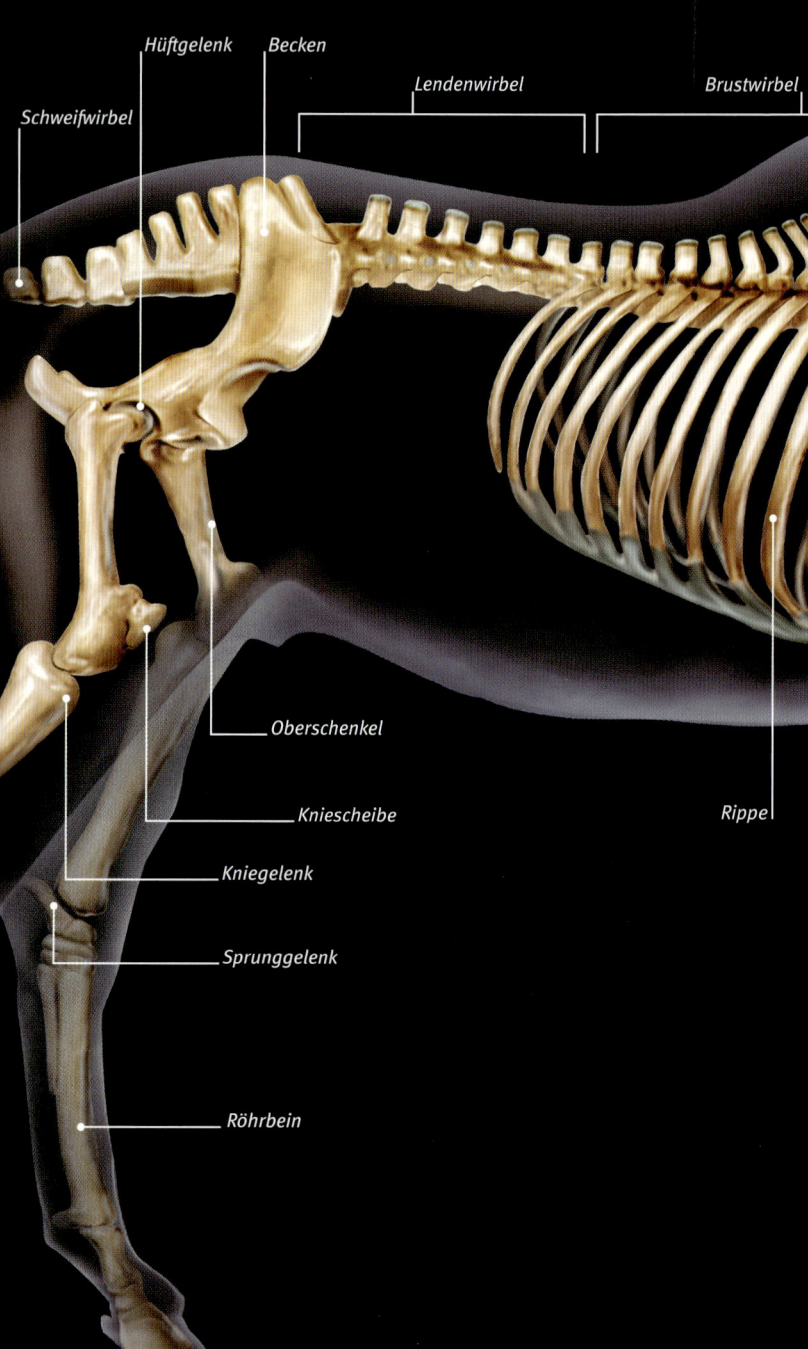

Hüftgelenk · Becken · Lendenwirbel · Brustwirbel · Schweifwirbel · Oberschenkel · Kniescheibe · Rippe · Kniegelenk · Sprunggelenk · Röhrbein

Meine Tante macht beim Bogenschießen mit ...

... und mein Bruder beim Ringen.

ich einfach zu aufgeregt, um zu essen! Die Rennstrecke ist mit flatternden Fahnen geschmückt und alle Leute tragen ihre besten Sachen.

Ich starte im ersten Rennen, das um neun Uhr anfängt. 300 von uns stellen sich am Start auf, wir singen ein Lied, und dann geht es los! Wir fliegen dahin, und viele schreien *goog*, um ihre Pferde anzufeuern. Schon bald werden etliche Pferde um mich herum müde und fallen zurück. Ich glaube nicht, dass ich noch lange mit den Führenden mithalten kann, und ein paar der größeren Pferde überholen mich. Aber dann kommt die Ziellinie in Sicht und plötzlich ist das Rennen vorbei. Ich weiß nicht, Wievielter ich geworden bin, aber auf keinen Fall

»Beim Rennen geht es mehr um das Pferd als um das Können des Reiters.«

Letzter. Dem Letzten wird ein Lied vorgesungen, das ihm Glück bringen soll. Das wäre mir sehr peinlich.

Tatsächlich war ich unter den ersten 20. Meine Eltern sind sehr erfreut, weil mein Pferd jetzt viel mehr wert ist. Mein Vater reibt mein Pferd trocken und füttert es und ich esse und trinke schnell etwas mit meiner Mutter. Dann nehmen wir am Fest teil und sehen uns die anderen Rennen an. Die Mannschaft meiner Tante gewinnt das Bogenschießen und sie ist überglücklich, aber mein Bruder schneidet beim Ringen nicht so gut ab. Er verliert in der fünften Runde und ärgert sich sehr.

Am Abend liege ich im Bett, höre den Erwachsenen beim Singen zu und denke ans nächste Jahr. Vielleicht bin ich dann der Sieger- jockey und trage den Titel *tummy ekh*, was »Anführer von Zehn- tausend« bedeutet.

Tömörbaatar

Bunte Fahnen an der Rennstrecke

Startnummer für die Reiter

Goldmedaille des Siegers

VERSCHIEDENE
Reitweisen

Pferde werden schon seit vielen Tausend Jahren geritten und die Reitkunst hat sich immer weiter entwickelt. Mit der Erfindung metallener Gebisse waren die Pferde besser zu beherrschen, aber die Menschen ritten noch ohne Sattel. Heute werden Pferde zum Hüten von Vieh, zum Turnierreiten und als Freizeitpferde genutzt und tragen die dazu passende Ausrüstung. Das hat zur Entwicklung verschiedener Reitweisen geführt, abhängig von der Region und davon, welchen Zweck das Reiten erfüllt.

ZEITTAFEL

1500 v. Chr. *Metallgebisse sind im Nahen Osten üblich. Vorher (ab 3500 v. Chr.) wurden Gebisse aus Leder oder Seil verwendet.*

500 v. Chr. *Die Entdeckung von Filzsatteldecken in iranischen Gräbern lässt vermuten, dass inzwischen mit Sattel geritten wird. Aber da das Gewebe nicht gut erhalten ist, kann man es nur vermuten.*

300 n. Chr. *Die ersten Steigbügel werden in chinesischen Gräbern gefunden. In Europa sind sie erst ab dem Mittelalter üblich.*

1780 *Die mit Samt bezogene Jagdkappe wird erfunden und erlangt durch Georg III. große Beliebtheit in England. Inzwischen ist sie von modernen Helmen abgelöst worden.*

1830er-Jahre *Der moderne Damensattel mit zwei Hörnern kommt in Mode. Mit ihm können Frauen schnell reiten und springen und wirken dabei trotzdem »damenhaft«.*

2009 *Vielseitigkeitsreiter testen aufblasbare Schutzwesten. Die Sicherheit beim Reiten ist sehr wichtig geworden und es werden immer neue Produkte erprobt.*

Reiten ohne Sattel

Um ohne Sattel zu reiten, braucht man ein gutes Gleichgewicht. Dieser mongolische Reiter steht für die vielen Pferdekulturen, in denen die Kinder schon früh lernen, ohne Sattel zu reiten. Auf Pferde mit knochigem Rücken wird manchmal eine Decke aufgelegt, das macht lange Ritte bequemer. Da die Mongolenpferde ziemlich klein sind, können die Reiter mühelos aufspringen.

Einfache Zäumung
Nomadenvölker benutzen meistens einfaches Zaumzeug aus Leder, geflochtenen Tierhaaren oder Seil, was nicht lange hält und häufig repariert werden muss.

Dieses Zaumzeug ist aus Seilen gemacht.

Die Zügel können mit einer Hand geführt werden.

Früh übt sich
In der Mongolei gibt es mehr Pferde als Menschen. Die Kinder fangen mit drei Jahren an zu reiten und für die meisten Leute ist das Reiten so natürlich wie das Gehen.

Die verschiedenen Nomadenstämme tragen unterschiedliche
Hüte. Es werden auch Schweiß-
bänder getragen, damit der
Schweiß dem Reiter nicht in
die Augen läuft.

Bunte Kleidung
Beim Reiten sind bequeme
Sachen wichtig. Das gilt auch
für das Reiten ohne Sattel.
Die Mongolen tragen oft
bunte Tuniken, denn die
haben keine Knöpfe oder
Reißverschlüsse, die verloren
oder kaputtgehen können.

Tunika

In manche Decken
sind aufwendige
Muster eingewebt.

Lederstiefel und
keine Steigbügel

Westernreiten

Die amerikanischen Cowboys haben ihre eigene Reitweise, die Westernreitweise. Die Ausrüstung ihrer Pferde muss genauso bequem und praktisch sein wie ihre eigene, denn wenn die Cowboys Rinder oder Pferde treiben, sind sie oft über längere Zeit unterwegs und sitzen täglich viele Stunden im Sattel. Aber schön aussehen soll das Sattelzeug auch – beim abgebildeten Westernsattel sind die Verzierungen des Leders gut zu sehen.

Westernzaum

Beim Westernzaum sind die Zügel an den Enden nicht miteinander verbunden. Manche Zäumungen haben kein Gebiss, nur einen Nasenriemen. In ande... (wie der hier gezeigten) ist ein Gebiss mit seitlichen Hebeln (Anzügen) eingeschnallt.

Stirnriemen

Zügel

Gebiss

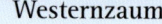

Viehtrieb

Westernreiter halten die Zügel mit einer Hand und legen zum Steuern des Pferdes einen Zügel am Hals an. Das wird Neckreining genannt. Mit der freien Hand können sie das Lasso werfen, um Rinder oder Pferde einzufangen.

Die breite Krempe des Cowboyhuts schützt die Augen vor der Sonne.

WESTERNSÄTTEL

Die meisten Sättel haben einen stabilen Kern, den sogenannten Sattelbaum. Er muss auf den Pferderücken passen, ohne die Wirbelsäule zu berühren. Der Sattelbaum wird dann mit Leder bezogen und gepolstert.

Sattelhorn zum Anbinden des Lassos

Hinterzwiesel

Sitzfläche

Öse für den hinteren Sattelgurt

Fender

Steigbügel

Westernsättel sind schwer und haben eine tiefe Sitzfläche, damit der Reiter guten Halt hat. Wie bei der Reiterin links zu sehen, sind die Steigbügel recht lang geschnallt.

Bequeme Kleidung

Jeans, Hemd, Cowboyhut und -stiefel sind die typische Westernkleidung. Lederne Überhosen, die Chaps, schützen die Beine vor dem Wundreiben durch das Sattelleder.

Lederchaps

Satteldecke

...elhorn

Cowboystiefel

Sattelgurt

Englische Reitweise

Dieser Reitstil wird auf der ganzen Welt für das sportliche Reiten wie etwa beim Springen, Distanzreiten und der Dressur genutzt. Jede Disziplin hat einen etwas anderen Sattel, in dem auch anders gesessen wird. Ein Extrem ist der Renn-sattel, denn die Jockeys reiten mit sehr kurzen Steigbügeln und stehen fast über dem Pferderücken. Bei allen Disziplinen ist der Sturzhelm ebenso wichtig wie Stiefel mit einem kleinen Absatz.

Auf dem Springturnier
Auf Turnieren wird eine bestimmte Kleidung getragen: ein Reitjackett, eine helle oder weiße Reithose und Stiefeletten oder hohe Reitstiefel.

Die Trense
Die Trense ist eine Möglichkeit, dem Pferd mitzuteilen, was es tun soll. Über die Zügel, die in die Gebiss-ringe eingeschnallt sind, kann der Reiter bestimmen, wie schnell er reiten will und in welche Richtung.

Handschuhe halten warm und schützen vor Blasen.

Der Kehlriemen verhindert das Abstreifen der Trense.

Die Backenstücke verbinden das Gebiss mit dem Genickstück.

Reithalfter

Das Gebiss liegt im Pferdemaul. Es gibt verschiedene Gebisse, aber auch Zäumungen ohne Gebiss.

Die Zügel führen vom Gebiss in die Hände des Reiters.

Gerte

Damensattel
Im 16. Jh. wurde es üblich, dass Frauen beim Reiten beide Beine auf einer Seite hatten. Mit gespreizten Beinen auf dem Pferd zu sitzen, galt von nun an für Frauen bis um 1900 als ungehörig. Der Seitsitz war damen-hafter und wegen der langen Kleider auch praktischer.

Reitkappe zum Schutz
bei einem Sturz

Der Kinnriemen
sorgt für festen
Sitz.

Schutzweste
gegen Rücken-
verletzungen

Eng sitzende Reithose
ohne Nähte an der
Innenseite der Beine

Sattel

Pferderennen

Rennsättel sind sehr klein, damit das Pferd
möglichst wenig Gewicht tragen muss und
schneller galoppieren kann.

Reitkleidung

Die Kleidung für die englische Reitweise
soll bequem und sicher sein. Hosen mit
Innennaht würden scheuern; ohne
Handschuhe bilden sich Blasen; eine
Reitkappe sollte niemals fehlen.

ENGLISCHER SATTEL

Wie bei den Westernsätteln ist
die Auswahl groß. Wichtig
ist, dass der Sattel dem Pferd gut
passt.

Vorder-
zwiesel

Hinter-
zwiesel

Sitzfläche

Deck-
blatt

Sattel-
blatt

Pausche

Verstellbare
Steigbügelriemen

Steigbügel

Der Vielseitigkeitssattel eignet sich
für die meisten Disziplinen. Er bietet
dem Pferd die größtmögliche
Bewegungsfreiheit.

Sattelgurt

Steigbügel

Stiefeletten

Steigbügelriemen

Satteldecke

DIE ARBEIT DES
Hufschmieds

Ein Pferd kann noch so gut trainiert sein – wenn seine Hufe nicht in Ordnung sind, darf man es nicht reiten. Die Hufe der Pferde wachsen wie unsere Fingernägel und müssen regelmäßig gekürzt werden. Das macht der Hufschmied, der auch Hufeisen aufnagelt, wenn das Pferd viel auf hartem Boden geht. In der Natur nutzen sich die Hufe von selbst ab, deshalb brauchen Wildpferde keinen Hufschmied.

DAS BESCHLAGEN

Als Erstes müssen die alten Hufeisen abgenommen werden. Dann wird das neue Eisen erhitzt, in Form gehämmert und angepasst.

SCHMIEDEWERKZEUG

Neben Hufeisen und Nägeln haben Schmiede auch ihr Spezialwerkzeug dabei: verschiedene Hämmer; eine Nietklinge, um die Nieten (die umgebogenen Nagelspitzen in der Hufwand) zu lösen; einen Lochdorn, um die Nagellöcher ins Eisen zu stanzen. Mit der Hauklinge wird überschüssiges Horn entfernt und mit dem Hufmesser die Sohle in Form gebracht und lose Stückchen vom Strahl entfernt. Schließlich wird die Hufunterseite noch mit der Raspel geglättet.

Nägel

Die Werkzeugkiste des Hufschmieds ist so gebaut, dass alle Werkzeuge griffbereit sind.

Zange   Raspel

1 Nachdem er die Nieten geöffnet hat, kann der Schmied das alte Eisen abhebeln. Dazu nimmt er die Zange und arbeitet vom Ballen zur Zehe, damit das Horn nicht einreißt. Mit dem Hufkratzer wird der Huf gereinigt.

2 Dann wird der Huf auf das neue Eisen vorbereitet. Das Raspeln (wie Fingernägel feilen) glättet die Oberfläche, sodass das Eisen gut aufliegt.

Die meisten Hufeisen sind vorgefertigt und müssen nur noch angepasst werden.

Der Schmied bearbeitet das Eisen auf dem flachen Teil des Ambosses.

Amboss

3 Der Schmied erhitzt das Eisen in einem Ofen, bis es rot glüht. Dadurch wird das Metall so weich, dass er es auf dem Amboss – einem Metallblock mit ebener Oberfläche – in Form hämmern kann. Dann werden die Nagellöcher eingestanzt.

Mit dem Aufpasszirkel in den Nagel-löchern kann das heiße Eisen gefahrlos festgehalten werden.

4 Der Schmied drückt das heiße Eisen auf den Huf. Die Brandspur zeigt ihm, ob es gleichmäßig anliegt. Es raucht und stinkt nach verbranntem Horn, aber das Anpassen des heißen Eisens tut dem Pferd nicht weh.

Hufnägel sind auf einer Seite abgeflacht, damit sie schräg nach außen eingeschlagen werden können.

5 Von der Zehe angefangen, nagelt der Schmied das neue Eisen auf. Die äußersten Nägel werden als Letzte eingeschlagen. Ihre Form lässt sie nach außen durch die Hufwand dringen.

Die Furche im Eisen setzt sich schon bald mit Schmutz zu, was das Pferd vor dem Ausrutschen bewahrt.

Die Nägelköpfe passen genau in die Löcher und halten auch dann noch, wenn das Eisen abgelaufen ist.

6 Wenn das Eisen sitzt, fährt der Schmied zur Kontrolle noch mit der Hand über die Kanten. Scharfkantige Vorsprünge feilt er ab. Es ist wichtig, dass Hufrand und Hufeisen perfekt zusammenpassen und keines von beiden übersteht.

~ AUGENZEUGENBERICHT ~
EIN HUFSCHMIED ERZÄHLT

Hufschmied ist ein anstrengender Beruf – ich stehe jeden Tag stundenlang gebückt und habe oft mit Pferden zu tun, die nicht beschlagen werden wollen! Wenn ich das Eisen erhitze, muss ich den Qualm ertragen. Fachwissen ist ebenfalls gefragt – ich muss die Beine und Hufe jedes Pferdes beurteilen und die richtigen Hufeisen aussuchen. Außerdem ist es wichtig, dass die frisch beschla-genen Hufe so ausbalanciert sind, dass die Gelenke nicht belastet werden. Ich liebe meinen Beruf, denn kein Pferd ist wie das andere, und es macht mir Freude, mich um Tiere zu kümmern.

BOB PRITCHARD, HUFSCHMIED

RENNEN UND ANDERE
Pferdesportarten

Schon seit Jahrhunderten lassen Menschen ihre Pferde gegeneinander antreten, um herauszufinden, wer das schnellste oder stärkste besitzt. Im alten Griechenland fanden die ersten Wagenrennen in extra errichteten Arenen, den Hippodromen, statt (*hippos* ist das griechische Wort für Pferd). Überall, wo es Pferde gab, gab es Wettbewerbe, meistens in der Disziplin, für die sie genutzt wurden. Später, als der Sport beliebter wurde, stellte man Regeln auf. Heute treten oft bestimmte Rassen gegeneinander an, wie etwa die Standardbred-Traber im Trabrennen. Sieger hervorzubringen ist zu einem Geschäft geworden, bei dem es um viel Geld geht.

HINDERNISRENNEN

1752 fand das erste Hindernisrennen querfeldein statt. Das Ziel war ein Kirchturm und auf dem Weg dorthin mussten Hecken und Gräben übersprungen werden. Später wurden richtige Rennbahnen gebaut. Junge Pferde nehmen oft erst an Jagden oder Flachrennen teil, springen dann niedrige Hürden und erst später die höheren Hindernisse.

Der Sieger
Jeder Jockey, Trainer und Pferdebesitzer träumt von einem Sieg beim Rennen und davon, dass sein Pferd unter dem Applaus der Zuschauer auf den Siegerplatz geführt wird.

Flachrennen
Bei Flachrennen, die auf Gras- oder Sandbahnen gelaufen werden, gibt es keine Hindernisse. Die Anfänge des Rennsports sind für das 16. Jh. in England belegt; heute gibt es in vielen Ländern Flachrennen auf den unterschiedlichsten Bahnen.

Springreiten
Pferd und Reiter müssen so schnell wie möglich eine komplizierte Folge bunter Hindernisse überwinden. Für abgeworfene Stangen oder Verweigerungen gibt es Strafpunkte.

Dressurreiten
Die Teilnehmer an Dressurprüfungen bekommen Punkte für verschiedene Lektionen. Ein Dressurpferd muss elegant und leichtfüßig und leicht zu lenken sein. Je nach Leistungsklasse werden die Anforderungen immer schwieriger.

Polo
Beim Polo treten zwei Vierermannschaften gegeneinander an und versuchen, einen kleinen Ball mit einem langen Schläger ins Tor zu befördern. Eine Art von Polo wurde erstmals im 5. Jh. v. Chr. in Persien gespielt. Es ist in vielen Ländern beliebt, vor allem in Großbritannien und Argentinien.

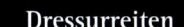

Trabrennen
Diese Rennen werden im Trab oder Passgang gefahren. Der Fahrer sitzt in einem leichten Wagen und kann nur mit den Fahrleinen und der Peitsche auf das Pferd einwirken.

Fahrsport
Auch im Fahrsport gibt es Turnierprüfungen, die mit Ein-, Zwei- oder Vierspännern gefahren werden. Der Wettbewerb besteht aus Dressur, einer Geländestrecke und Hindernisfahren, einer Fahrprüfung um eine mit Kegeln markierte Strecke.

~ AUGENZEUGENBERICHT ~
EIN LEBEN ALS JOCKEY

Ich wollte schon immer Jockey werden, und obwohl es ein harter Beruf ist, wünsche ich mir keinen anderen. Anfangs durfte ich die Pferde nur putzen, später auch trainieren. Ich muss mein Gewicht bei etwa 55 Kilo halten und werde vor jedem Rennen gewogen. Wenn alles in Ordnung ist, sitzen wir beim Läuten einer Glocke auf. Der Start ist immer laut und aufregend und dann schießen wir los! Ich höre nur noch das Donnern der Hufe. Ich warte auf den richtigen Moment, um in Führung zu gehen. Wenn wir gewinnen, ist die Freude einfach unbeschreiblich.

ED LYNCH, JOCKEY

Bellerophon auf dem Rücken von Pegasus

MYTHEN UND
Legenden

D as Pferd wirkt schon sehr lange faszinierend auf den Menschen. Mehr als 20 000 Jahre alte Malereien an Höhlenwänden zeigen bereits Pferde. Später, als die Menschen stärker auf Pferde angewiesen waren, bekamen einige ihrer Merkmale symbolische Bedeutung. So stand ein weißes Pferd zum Beispiel für Glück und das Gute, während ein schwarzes das Böse verkörperte. In jeder Kultur gibt es Geschichten über die Pferde berühmter Herrscher oder Götter. Diese Pferde – verehrt oder gefürchtet – haben zur Entstehung vieler Legenden beigetragen.

Der griechischen Legende zufolge war Pegasus ein geflügeltes Pferd, das niemand reiten konnte. Es gelang nur dem Helden Bellerophon mithilfe eines Zauberzaumzeugs, das ihm die Göttin Athene gegeben hatte. Nach vielen gemeinsamen Abenteuern fand Bellerophon, dass er heldenhaft genug wäre, um mit seinem fliegenden Ross die Götter zu besuchen. Das ärgerte Götterkönig Zeus, und er brachte Pegasus dazu, seinen Reiter abzuwerfen. Er fiel in einen Dornbusch und erblindete.

Das riesige Holzpferd war innen hohl, damit sich die Soldaten darin verstecken konnten.

Troja wurde von den Griechen zerstört.

KELPIE
Der keltische Volksglaube erzählt von den Kelpies, gestaltwechselnden Wassergeistern, welche die Form eines wunderschönen schwarzen Pferdes annehmen können. Die Kelpies lauern an Flüssen und Seen und verführen Vorbeikommende dazu, auf ihren Rücken zu steigen. Dann galoppieren sie mit ihnen ins Wasser und ertränken und fressen sie. Ein Kelpie kann aber von jedem gezähmt werden, der eines ihrer Zaumzeuge besitzt, weil sie die Quelle ihrer Kraft sind.

DAS TROJANISCHE PFERD
Die griechische Mythologie erzählt von einem riesigen Holzpferd, gebaut vom Heer der Griechen. Monatelang hatten die Griechen erfolglos gegen die Trojaner gekämpft. Also versteckten sie ihre Krieger in einem Holzpferd und ließen es vor den Toren von Troja zurück. Die Trojaner nahmen an, dass die Griechen aufgegeben hätten und abgezogen wären. Sie zogen das Pferd, das sie für ein Opfer der Griechen an die Götter hielten, in die Stadt und feierten ihren Sieg. Nachts, als alle schliefen, krochen die Krieger aus dem Pferd und zerstörten die Stadt. So wurde Troja doch noch besiegt.

Skinfaxis leuchtende Mähne erhellt bei Tag den Himmel.

Dag reitet sein weißes Ross.

SKINFAXI

In der Nordischen Mythologie ist Dag der Gott des Tages. Jeden Morgen reitet er mit Skinfaxi, seinem strahlend weißen Hengst, über den Himmel, damit seine schimmernde Mähne ihn erleuchten kann. Abends übernimmt dann die Göttin der Nacht, seine Schwester Nott. Sie reitet Hrimfaxi, einen schwarzen Hengst, der die Nachtkälte bringt. Skinfaxi heißt »scheinende Mähne« und Hrimfaxi »Frostmähne«.

PFERDE IN DER KUNST

Schönheit und Kraft der Pferde haben im Laufe der Zeit viele Künstler inspiriert. Früher wurden Pferde oft gemalt, um die Bedeutung ihrer Besitzer hervorzuheben. Die Bilder unten decken mehr als 500 Jahre ab und unterscheiden sich deutlich im Stil, von der großartigen Zeichnung des Leonardo da Vinci bis zu den Blauen Pferden von Franz Marc.

Pferd von Leonardo da Vinci
Der italienische Künstler schuf viele Tierstudien. Diese Zeichnung, die Ende des 15. Jh. entstand, zeigt den Pferdekörper sehr exakt. Außerdem hat da Vinci die Kraft und den Adel des Tieres gut eingefangen.

GULLIVERS REISEN

Die Houyhnhnms tauchen in dem Buch *Gullivers Reisen* von Jonathan Swift auf. Es sind intelligente Pferde, die ein friedliches, auf Vernunft gegründetes Leben führen und über menschenähnliche Wesen herrschen, die Yahoos heißen. Gulliver mag die Pferde und lernt viel von ihnen. Schließlich erkennen die Pferde, dass auch er ein Yahoo ist, wenn auch ein intelligenterer. Gulliver erzählt, dass in seiner Heimat die Pferde den Menschen dienen und nicht umgekehrt. Schließlich wird er aus dem Land geschickt und segelt wieder nach Hause, wo er sich aber in Gesellschaft von Pferden künftig wohler fühlt als in der von Menschen.

Gulliver spricht mit einem Houyhnhnm.

Zebra von George Stubbs
Stubbs malte viele Pferde und 1762 dieses Zebra. Obwohl damals noch kein Zebra in England zu sehen war, hat er es korrekt gemalt. Der Hintergrund beweist aber, dass er es für ein Waldtier hielt.

BLACK BEAUTY

Der 1877 veröffentlichte Roman *Black Beauty* von Anna Sewell ist eines der meistverkauften Bücher aller Zeiten. In ihm erzählt der schwarze Hengst Black Beauty seine Lebensgeschichte. Die Geschichte trug dazu bei, die Behandlung von Arbeitspferden zu verbessern. Außerdem führte sie dazu, dass der Aufsatzzügel verboten wurde, der Kutschpferde zwang, den Kopf stundenlang unnatürlich hoch zu tragen.

Die großen blauen Pferde von Franz Marc
Der deutsche Künstler ist berühmt für seine Tierbilder. Dieses entstand 1911. Die Pferde sind nicht naturgetreu, sondern in starken Farben dargestellt. Das Bild zeigt eher das Wesen der Pferde statt ihr Äußeres.

Fakten

Pferde sind so bemerkenswerte Tiere, dass es nicht verwunderlich ist, dass so viel über sie geschrieben wurde. Die Geschichte des Pferdes, berühmte Reiter, Reitsport, Pferderennen oder Springen – das alles und noch viel mehr ist in Büchern und Filmen und auf DVDs zu finden. Außerdem gibt es unzählige Webseiten zum Thema Pferd.

DAS SCHNELLSTE PFERD DER WELT

Pferde überleben in der Natur, weil sie schnell und ausdauernd sind. Um Raubtieren zu entkommen, müssen sie schnell sein und so lange durchhalten, bis der Verfolger aufgibt. Manche Rassen sind extra für Schnelligkeit gezüchtet worden. Das Quarter Horse ist der beste Sprinter und erreicht auf einer Strecke von 400 Metern 88,5 Stundenkilometer. Englische Vollblüter laufen längere Strecken und werden auf 1600 Metern 64 Stundenkilometer schnell.

Das Quarter Horse ist schnell und wendig und damit perfekt für Rodeos. Das sind beliebte Veranstaltungen im Westen der USA, bei denen Pferd und Reiter ihr Können unter Beweis stellen.

Pferdesprache

Da Wildpferde in Herden leben, müssen sie sich einander mitteilen können. Das tun sie auf verschiedene Weise, unter anderem durch Laute, die von lautem Wiehern bis zu leisem Schnauben reichen. Aber was bedeuten die Laute?

◡ **Wiehern** – das lauteste Geräusch, das Pferde machen. Damit rufen sie Artgenossen oder ihren Menschen.

◡ **Prusten** – Pferde prusten sich gegenseitig in die Nüstern, wenn sie sich zum ersten Mal begegnen.

◡ **Quietschen** – ein Zeichen von Verärgerung. Man hört es bei kämpfenden Pferden oder wenn sich ein Pferd bedrängt fühlt.

◡ **Grunzen** – zu hören, wenn Pferde etwas Anstrengendes tun. Es kann auch bedeuten, dass das Pferd Schmerzen hat.

◡ **Schnauben** – Pferde stoßen die Luft besonders laut aus, wenn sie etwas Beunruhigendes sehen oder riechen.

◡ **Leises Wiehern** – eine Form der Begrüßung. Stuten machen diesen sanften Laut zur Beruhigung ihrer Fohlen und Hengste beim Umwerben der Stuten.

◡ **Seufzen** – hört man nur, wenn ein Pferd ganz entspannt ist. Es ist ein Zeichen dafür, dass es zufrieden ist.

◡ **Pfeifen** – ein Laut beim schweren Atmen, gewöhnlich nur zu hören, wenn das Pferd Atembeschwerden hat.

Verrückte Fakten

○ Alle wilden Pferde und ihre Verwandten haben kurze Stehmähnen. Die Hauspferde haben lange Mähnen, die über den Hals hängen. Der Teil, der ihnen ins Gesicht hängt, wird Schopf genannt.

○ Anders als Pferde und manche Esel sind Zebras und Onager (eine iranische Eselrasse) nie gezähmt worden. Bei einigen wenigen ist es zwar gelungen, aber ihr Temperament macht sie als Haustiere ziemlich ungeeignet.

○ Die Vorderbeine der Pferde haben keine knöcherne Verbindung zum Körper. Sie sind nur durch Muskeln und Sehnen verbunden.

Kreuzungsprodukte

Sie entstehen aus der Paarung von zwei unterschiedlichen Mitgliedern der Pferdefamilie. Durch ihre verschiedenen Elternteile können sie selbst sich nicht fortpflanzen.

Pferd (Vater) x Esel (Mutter) = Maulesel

Esel (Vater) x Pferd (Mutter) = Maultier

Zebra x Esel = Zesel

Zebra x Pferd = Zorse

Schon gewusst?

○ **Fohlen** – ein Pferd, das weniger als ein Jahr alt ist. Solange es bei der Mutter trinkt, ist es ein Saugfohlen. Wenn es keine Muttermilch mehr bekommt, wird es Absatzfohlen genannt.

○ **Jährling** – ein junges Pferd im Alter von einem bis zwei Jahren.

○ **Stutfohlen** – ein weibliches Jungtier. Der englische Ausdruck »Filly« wird im englischen Rennsport auch für weibliche Rennpferde bis 5 Jahre benutzt.

○ **Stute** – ein ausgewachsenes weibliches Pferd.

○ **Zuchtstute** – eine Stute, die zur Zucht verwendet wird. Im Abstammungsnachweis, den das Fohlen bekommt, stehen der Name der Zuchtstute, des Zuchthengstes und weiterer Vorfahren. Gute Zuchtstuten bekommen ein Fohlen pro Jahr.

○ **Hengstfohlen** – ein männliches Jungtier. Im englischen Rennsport wird der Ausdruck »Colt« auch für männliche Rennpferde bis zum Alter von 5 Jahren benutzt.

○ **Hengst** – ein ausgewachsenes männliches Pferd. Wird der Hengst zur Zucht benutzt, nennt man ihn Deckhengst oder Zuchthengst. Auch sein Name erscheint in den Papieren des Fohlens, denn vor allem bei Rennpferden und Sportpferden ist die Abstammung von großer Bedeutung.

○ **Wallach** – ein kastriertes männliches Pferd. Kastriert bedeutet, dass das Pferd durch eine Operation unfruchtbar gemacht wurde.

~ NOCH MEHR WISSENSWERTES ~
PFERDE IM INTERNET

www.horsesport.org
Die Website der FEI, der internationalen Dachorganisation des Pferdesports (auf Englisch)

www.pferd-aktuell.de
Dies ist die Webseite der FN, der Deutschen Reiterlichen Vereinigung, auf der es auch eine tolle Kinderseite gibt.

www.westernreiter.com
Auf dieser Seite der EWU, der Ersten Westernreiter Union, ist alles über diese Reitweise zu finden.

www.pferderassen.net
Hier gibt es Pferderassen von A–Z zu entdecken.

www.pferd.de
Jede Menge Informationen, Fragen und Antworten und ein Lexikon.

Glossar

Aalstrich Ein dunkler Streifen, der von der Mähne aus über den Rücken des Pferdes bis zum Schweif verläuft. Er ist vor allem bei Falben fast immer vorhanden.

Abzeichen Weiße Bereiche im Fell dunkler Pferde. Abzeichen finden sich am Kopf und an den Beinen. Sie sind angeboren. Es gibt auch erworbene Abzeichen. Sie entstehen, wenn nach einer Verletzung weiße Haare nachwachsen, was überall am Körper passieren kann.

Chaps Lederne Überhosen, die die Beine schützen. Sie werden meistens von Westernreitern getragen.

Cowboys So heißen die berittenen Rinderhirten in Nordamerika. In Südamerika werden sie Gauchos genannt.

Damensattel Ein Sattel, bei dem beide Beine der Reiterin auf einer Seite des Pferdes herunterhängen. Früher fand man, dass es sich nicht gehörte, dass eine Dame mit gespreizten Beinen auf dem Pferd saß. Noch heute reiten manche Frauen im Damensattel – aber nur, weil es ihnen Spaß macht.

Dressurreiten Die Schulung in den Grundgangarten und des Gehorsams auf die Hilfen des Reiters.

Einhufer Tiere mit ungespaltenen Hufen wie Pferde, Esel und andere Pferdeverwandte. Das Gegenteil sind Paarhufer wie zum Beispiel Kühe.

Einreiten Ein Pferd daran gewöhnen, dass es Sattel und Trense und schließlich auch einen Reiter trägt.

Englisches Vollblut Eine Pferderasse, die entstand, als importierte orientalische Hengste mit englischen Stuten gekreuzt wurden. Englische Vollblüter wurden anfangs nur im Rennsport eingesetzt, sind aber auch gute Reitpferde für die verschiedenen Disziplinen des Reitsports und werden verwendet, um andere Rassen zu veredeln.

Fahrsport Turniere gibt es nicht nur für Reiter, sondern auch für Fahrer, die ein, zwei oder mehr Pferde vor ihren Wagen gespannt haben.

Flachrennen Ein Pferderennen, bei dem keine Hindernisse gesprungen werden müssen.

Fohlen So nennt man ein junges Pferd bis zum Alter von einem Jahr.

Galopp Die schnellste Gangart des Pferdes. Beim galoppierenden Pferd hört man einen deutlichen Dreitakt.

Gangarten Die verschiedenen Bewegungsabläufe der Pferde. Alle Pferde beherrschen drei Gangarten: Schritt, Trab und Galopp. Einige Rassen beherrschen außerdem den Pass und den Tölt oder noch andere zusätzliche Gangarten.

Gebiss Das Mundstück der Zäumung, das zwischen den Schneide- und den Backenzähnen ins Pferdemaul gelegt wird.

Geschirr Die Ausrüstung, die ein Fahrpferd braucht, damit man es an einen Wagen anspannen kann.

Gestüt Ein Pferdestall mit viel Weidefläche, in dem Pferde gezüchtet werden und Jungpferde aufwachsen.

Halbblüter Ein Pferd, bei dem ein Elternteil ein Vollblutpferd ist und das andere ein Warmblüter.

Halfter Ein Kopfstück zum Führen oder Anbinden des Pferdes. Zum Halfter gehört der Führstrick.

Hand Eine Maßeinheit, mit der in manchen Ländern die Größe von Pferden gemessen wird. Eine Hand entspricht etwa 10 cm, also der Breite einer Männerhand.

Ein Cowboy fängt ein Kalb.

Hauesel Ein Nachkomme des Afrikanischen Wildesels. Die meisten Esel werden als Arbeitstiere genutzt.

Hengst Männliches Pferd.

Heu Getrocknetes Gras. Im Winter, wenn kein frisches Gras nachwächst, ist Heu das wichtigste Futter für Pferde.

Hilfen Die Signale, mit denen der Reiter seinem Pferd mitteilt, was es tun soll. Hilfen werden mit der Stimme, den Händen, dem Gewicht und den Beinen gegeben. Um sie zu verstärken, kann der Reiter Gerte und Sporen einsetzen.

Hinterhand Damit ist der hintere Teil des Pferdekörpers gemeint, also Hinterbeine und Kruppe.

Hufschmied Der Handwerker, der für die Pflege der Pferdehufe zuständig ist. Er fertigt auch Hufeisen an und beschlägt Pferde damit.

Hürdenrennen Ein Pferderennen über eine Strecke von mindestens 3,2 km und nicht weniger als acht Hürden, die nachgeben, wenn ein Pferd heftig dagegenstößt.

Jährling So nennt man ein junges Pferd zwischen ein und zwei Jahren.

Jockey Ein Sportler, dessen Beruf es ist, Rennpferde zu reiten.

Kaltblüter Der Sammelbegriff für die schweren Arbeitspferde. Der Name bezieht sich aber nur auf das ruhige Wesen der Pferde und hat mit der Temperatur ihres Blutes nichts zu tun.

Kavallerie Truppen berittener Soldaten.

Keratin Die Substanz, aus der Haare und Hufe der Pferde bestehen.

Kieselerde Ein harter Bestandteil des Grases, der dafür verantwortlich ist, dass sich Pferdezähne im Laufe der Zeit abnutzen.

Dressurreiten

Kraftfutter Gehaltvolles Futter, das Pferde zusätzlich zu Gras oder Heu bekommen, um leistungsfähiger zu sein. Einige Kraftfuttersorten sind Hafer, Gerste und Mais.

Mähne Die langen Haare am Hals des Pferdes. Wilde Pferdeverwandte haben alle eine Steh- mähne, nur bei Hauspferden wird sie länger und hängt herunter.

Nomaden Menschen, die umherziehen, damit ihre Tiere gutes Weideland finden.

Pass Eine Gangart, bei der sich die Beine einer Körperseite gleichzeitig nach vorn bewegen.

Pferdestärke Eine Maßeinheit, die eingeführt wurde, um die Kraft einer Dampfmaschine mit der eines Pferdes vergleichen zu können.

Polo Ein Spiel, bei dem zwei Gruppen mit je vier Reitern mit langen Schlägern versuchen, einen kleinen Ball ins Tor zu befördern.

Pony Jedes Pferd, das kleiner als 1,48 m ist.

Rasse Ein bestimmter Pferdetyp, der gezielt nach bestimmten Vorstellun- gen gezüchtet wurde. Die Züchter von Vollblutpferden legen zum Beispiel den größten Wert auf Schnelligkeit.

Rodeo Ein Wettbewerb, in dem Cowboys ihre Künste im Umgang mit Pferden und Rindern zeigen.

Saftfutter Zu diesen Futtermitteln gehören alle, die viel Wasser enthalten, wie etwa Rüben, Möhren und Äpfel.

Sattelbaum Das Innenleben jedes Sattels. Sattelbäume gibt es in verschiedenen Formen, und sie bestimmen, ob ein Sattel einem Pferd passt oder nicht.

Säugetier Ein warmblütiges Tier, das ein Fell hat und seinen Nachwuchs mit Muttermilch ernährt.

Scheuen Ein Pferd, das erschreckt wird, springt meistens erst zur Seite und ergreift dann die Flucht. Diese Reaktion nennt man Scheuen.

Schritt Die langsamste Gangart des Pferdes, in der sich Pferde und ihre Verwandten am liebsten fortbewegen. Im Schritt wird ein Huf nach dem anderen angehoben und nach vorn gesetzt.

Springreiten Eine Disziplin im Reit- sport, bei der Pferd und Reiter eine Folge bunter Hindernisse überwinden.

Steigbügel Die Fußstützen am Sattel. Vor der Erfindung der Steigbügel war das Reiten viel schwieriger.

Stockmaß Ein Messstab, mit dem die Größe von Pferden ermittelt wird. Aber auch das Messergebnis wird als Stockmaß bezeichnet.

Strahl Das v-förmige Polster aus weichem Horn, das an der Unterseite der Hufe als Stoßdämpfer wirkt.

Stute Weibliches Pferd.

Hürdenrennen

Tölt Eine schnelle Gangart im Viertakt, bei der ein Huf nach dem anderen auf dem Boden aufgesetzt wird. Viele Islandpferde beherr- schen den Tölt, der für den Reiter sehr bequem ist.

Trab Eine Gangart im Zweitakt, bei der sich die diagonalen Bein- paare abwechselnd nach vorn bewegen.

Trense Das Kopfstück des Reitpferdes. Die meisten Trensen sind aus Leder; in das Gebiss sind die Zügel eingeschnallt.

Verwildertes Pferd Ein ehemals zahmes Pferd, das in die Wildnis entlaufen ist oder freigelassen wurde.

Vielseitigkeitsprüfung Sie gibt es für Reiter und Fahrer. Beide müssen zuerst Dressur zeigen, dann ins Gelände und schließlich müssen die Fahrer eine kurvige, mit Kegeln markierte Strecke auf

Springreiten

dem Platz bewältigen und die Reiter eine Folge von Hinderni- sen überwinden.

Vollblüter Dieser Begriff fasst einige besonders edle Pferderassen zusammen: den Araber, den Engli- schen Vollblüter und die Kreuzung dieser beiden Rassen, den Anglo- Araber.

Wallach Kastriertes männliches Pferd.

Warmblüter Ein Sammelbegriff für Reit- und Fahrpferde, die nicht zu den Kaltblütern oder Vollblütern gehören. Eine typische Warm- blutrasse ist zum Beispiel der Hannoveraner.

Westernpferd Ein Pferd, das zum Westernreiten genutzt wird. Eine der beliebtesten Western- pferderassen ist das Quarter Horse.

Westernreiten Ursprünglich war es die Reitweise der Cowboys in Amerika, aber auch bei uns haben viele Menschen Freude daran und es werden auch Turniere in diesem Reitstil ausgetragen.

Wildesel Ein wild lebender Verwandter des Pferdes, von dem unsere Hausesel abstammen.

Zebra Es gibt drei Arten und mehrere Unterarten dieser gestreiften Verwandten unserer Pferde. Sie alle leben in Afrika.

Zebroid Eine Kreuzung aus Pferd und Zebra.

Zuchtstute Ein weibliches Pferd, das dazu verwendet wird, Fohlen zur Welt zu bringen.

Register

Bildnachweis

SCHLÜSSEL
o = oben; l = links; r = rechts; ol = oben links; oml = oben Mitte links; om = oben Mitte; omr = oben Mitte rechts; or = oben rechts; ml = Mitte links; m = Mitte; mr = Mitte rechts; u = unten; ul = unten links; uml = unten Mitte links; um = unten Mitte; umr = unten Mitte rechts; ur = unten rechts

ILLUSTRATIONEN
Umschlag Ian Jackson/The Art Agency, Peter Bull Art Studio (Schimmel Vorderseite, Sattel)
Innenseiten Argosy Publishing 8–13; Peter Bull Art Studio 23–25, 26–27, 46–51, 57; Ian Jackson/The Art Agency 16–17, 32–33, 38–39, 58–61; James McKinnon 6–7; Yvan Meunier/Contact Jupiter 28–29; Laurence Porter/KJA-artists 52–53; Roger Stewart/KJA-artists 20–21, 44–45

Pop-up Peter Bull Art Studio
Globen und Karten Damien Demaj

FOTOGRAFIEN
AKG = AKG Images, ALA = Alamy, BA = Bridgeman Art Library, BC = Barcroft Media, BLa = Bob Langrish, CBT = Corbis, GI = Getty Images, iS = istockphoto.com, MP = Minden Pictures, PD = PictureDesk, PM = Picture Media, SH = Shutterstock, TF = Top Foto, TPL = photolibrary.com

1 mr CBT; um GI; um, um, um, m, mr iS; 2 m iS; 3 om iS; 4 m iS; 7 ol, or iS; 8 m BLa; ul iS; ml TLP; 9 um TLP; 11 um, om iS; ur, mr, mr SH; um, mm TLP; 12 ol iS; 13 mr CBT; ur GI; um, ul, mr iS; mr SH; om TLP; 14 or CBT; u, ur, ur, m, m SH; um, um, um, ur, ur, ur, ur, ur, mm, mm, mm, mm ,mm, mr, mr, mr, mr, mr, mr, mr TLP; 15 om CBT; om iS; u, u, ur, ur, ur, m, m, m, mm, mr, mr, or SH; um, um, um, um, um, ul, ul, ur, ur, ur, ur, ur, ur, um, mm, mm, mm, nm, ml, ml, ml, mr, mr, mr, mr, om, om, om, or TPL; 16 or iS; 17 ur ALA; ur iS; om TPL; 18 m ALA; or GI; or iS; 19 mr ALA; ur, mm, om, ol, ol, or, or iS; 20 ul CBT; ml GI; um TPL; 21 ul MP; 26 um, ml, ml iS; um TPL; 28 ml iS; um, ml TPL; 29 um GI; or TPL; 30 om ALA; ml BLa; ul, mm GI; ol iS; mm SH; mr TPL; 32 ul, or ALA; um iS; um TPL; 33 ol, or iS; mr TPL; 34–37 BLa; 38 um, ur, mm, mr iS; ur TPL; 39 um, ur, mm, ml iS; 40 ml CBT; um, ul, ol TPL; 41 u, ml ALA; m, ol, or CBT; ur, ur, o GI; mr PD; mr TPL; 42 um CBT; ur, ur, mr, ol, ol iS; mr, or TPL; 43 um, mm CBT; um, um, mm, ol iS, ur, ol, or TPL; 44 or CBT; 45 o CBT; ol TPL; 46 um, ul TPL; 48 um iS; 49 om iS; 50 um, or TPL; 51 om, or iS; 52 m, or iS; or PM; 53 mr iS; um TPL; 54 ml CBT; m GI; om TPL; 55 or CBT; or GI; ul iS; om SH; um, ur, mm TPL; 56 m iS; um, ol TPL; 57 or AKG; mr BA; mr iS; ul, mm, mr TPL; 60 ol BC; ol CBT; ul GI; ml TF; ul, ml TPL; 61 u iS; o SH